构建产教融合
生态圈的研究与实践

柏芳燕　著

中国原子能出版社

图书在版编目（CIP）数据

构建产教融合生态圈的研究与实践 / 柏芳燕著 . --
北京 : 中国原子能出版社 , 2020.5 (2021.9重印)
ISBN 978-7-5221-0579-6

Ⅰ . ①构… Ⅱ . ①柏… Ⅲ . ①高等学校－产学合作－
研究－中国 Ⅳ . ① G640

中国版本图书馆 CIP 数据核字 (2020) 第 089797 号

构建产教融合生态圈的研究与实践

出版发行 中国原子能出版社（北京海淀区阜成路 43 号 100048）
责任编辑 杨晓宇
印　　刷 三河市南阳印刷有限公司
经　　销 全国各地新华书店
开　　本 787 毫米 ×1092 毫米 1/16
印　　张 9.625
字　　数 207 千字
版　　次 2020 年 5 月第 1 版 2021 年 9 月第 2 次印刷
书　　号 ISBN 978-7-5221-0579-6
定　　价 54.00 元

网　　址：http://www.aep.com.cn E-mail: atomep123@126.com
发行电话：010-68452845

前　言

产教深度融合必然形成产教融合生态圈，在产教融合生态圈内，各利益相关者组成利益共同体，连接利益共同体的纽带是共同的“产出”。产教融合是当前教育领域的热名词，也是职业教育的最佳模式。产教融合生态圈分为学校主导型、企业主导型、行业主导型、政府主导型四种类型。产教融合生态圈的以上四种类型并不是相互孤立的，而是相互作用，共同发力的。每种类型只是说明产教融合相关主体努力的侧重点有所不同而已，他们的工作不能截然分开，只有学校、企业、行业、政府共同努力，才能建立牢不可破的产教融合生态圈。

产教融合、校企合作成为国家职业教育改革和人才资源开发的整体制度安排。高职院校要以产教融合为核心机制，以校企合作为重要抓手，以平台化、项目化、生态化的方式推进产教深度融合，体系化构建产教融合的创新生态。

产教融合新生态指产业系统与职业教育系统的相关主体、要素在相互融合的过程中形成的一个既相对固定又包容开放的系统。它改变了以往高职院校以学校为中心的单一的校企合作模式，使行业、企业、院校等多元主体更紧密地结合在一起，构成多元主体共享共赢的生态链，形成企校协同合作的新模式。

院校产教融合生态具有三个基本特点：一是资源共享。各相关主体拥有的资源，如行业的信息平台、企业的生产设备、实验设备、工作室、管理经验等；学校的教室、实验室、师资、知识产权等，可以实现共建共享。二是多元融合。多元主体的各种资源要素相互转化，融合发展。行业组织积极开展岗位标准等研究，发挥引领作用；学校教育教学融入企业生产、经营、研发过程；企业参与学校教育教学全过程，形成良性互动。三是创新发展。学校根据行业产业发展的需求，实现人才培养模式、专业建设、课程开发、师资队伍、实训基地建设等全要素的创新；企业根据生产经营情况和学校发展需求，创新与学校合作的渠道和方式；政府及行业组织为产教融合创新社会环境和制度环境等。

目录

第一章　产教融合的基础理论研究

第一节　产教融合发展存在的问题及对策

产教融合是职业教育发展及工程技术教育发展的一大趋势，也是职业教育发展不可或缺的重要组成部分。产教融合发展的好坏，直接关系到整个职业教育、工程技术教育发展的质量，所以产教融合发展应体现从学校人、自然人到社会人、职业人的转变过程。

产教融合是学校与企业深度合作的形态，是一种主题多元、诉求多向、关系复杂的合作。产教融合，是指职业学校根据所设专业，积极开办专业产业，把产业与教学密切结合，相互支持、相互促进，把学校办成集人才培养、科学研究、科技服务为一体的产业性经营实体，形成学校与企业浑然一体的办学模式。十九大报告中指出，要深化产教融合。

国务院办公厅发布《关于深化产教融合的若干意见》(以下简称《意见》)，引发专家学者、企业院校等各方面思考。教育部高等职业教育研究中心主任姜大源研究员指出：教育要关注人的发展，但人的发展不是海市蜃楼，不是空中楼阁，不是雾里看花，也不是水中捞月，一定要使学生完成从学校人、自然人到社会人、职业人的转变，在这个过程中，产教融合可以发挥重要作用①。

《意见》明确，要同步规划产教融合与经济社会发展，将教育优先、人才先行融入各项政策；统筹职业教育与区域发展布局，引导职业教育资源逐步向产业和人口集聚区集中；促进高等教育融入国家创新体系和新型城镇化建设；建立紧密对接产业链、创新链的学科专业体系；健全需求导向的人才培养结构调整机制，强化就业市场对人才供给的有效调节，严格实行专业预警和退出机制。

目前，随着职业院校和工程技术类院校对职业技术教育探索的日臻成熟，职业教育正迅速发展，学科布局趋于合理、专业设置符合市场需求、人才培养目标明确，社会服务功能得以明显体现。

① 陈年友，周常青．产教融合的内涵与实现路径［J］．中国高校科技，2014.（8）：42-44.

一、产教融合发展的现状及存在的问题分析

（一）我国产教融合发展滞后，推动“职业教育集团化”发展较弱

国务院办公厅正式发布《意见》后，全国各职业院校、学者、企业等都在寻求突破口，实施强有力的合作，虽产教融合发展势头较好，但由于各方原因，产教融合发展在一定程度上受阻，想要建立达到产、教、学、研、用一体化建设和“职业教育集团化”发展，需要一定的时间。

（二）学位、专业管理机构对产教融合专业规划对接地方产业结构认识不足

虽然说职业教育已经占据了教育界的半壁江山，但职业教育与基础教育和高等教育不同，职业教育具有突出的社会性、职业性和实践性。教育部副部长在“高等职业学校提升专业服务产业能力经验交流会暨全国高职高专校长联席会议年会”上的书面讲话中指出：要坚持以服务就业为导向，立足类型教育特点办学，走对接需求、特色鲜明的发展道路，从而为社会培养“用得上”“留得住”的高端技术技能型人才。

（三）产教融合机制不健全，缺乏有效的管理机制推进职业教育有序开展

目前，我国在职业教育产教融合方面缺乏相应的法律保障措施。校企合作远远不像想象的那么简单，合作过程中的权利、义务、风险、利益等相关性问题，没有相应的法律保障，难以保证产教融合的顺利开展。

（四）经费保障不力，办学成效难以得到落实

在办学层面上，产教融合是职业教育服务经济社会发展的需要。产业构成的核心是产业技术，产业的形成与发展，依赖于产业技术的创新与进步，依赖于技术技能的积累和掌握产业技术人才的批量培养。职业教育教学改革与地方产业转型升级衔接配套，培养大量优势传统产业和战略性新兴产业技术人才，是践行服务地方经济发展需求办学宗旨的重要方式。但是，政府真正在职业教育产教融合方面投入较少，没有专项经费用于职业院校建设产教融合基地建设，使得产教融合发展举步维艰。

（五）产教融合示范基地、示范点建成后，使用效率低下，成本投入高，产出少

目前，为了响应《意见》的实施，各省、市、自治区及部分职业院校正在如火如荼地建设产教融合示范基地和示范点，如湖南省衡阳市将投资 12.8 亿元建一座占地 133.33 公顷的产教融合示范基地；南京晓庄学院启动产教融合示范基地建设项目；教育部学校规划建设发展中心联合凤凰卫视集团・凤凰教育启动实施“高校数字媒体产教融合创新应用示范基地”等。

二、产教融合发展的对策思考

（一）积极创造条件，推动产教融合“职业教育集团化”发展

在有条件的省份，率先推进产教融合“职业教育集团化”建设，实现职业院校、行业企业组织资源共享、优势互补、合作发展，能加快职业教育办学机制改革，促进政府机构、行业组织、企（事）业单位、职业院校、研究机构和社会组织等实现教育资源开放共享，拓宽办学渠道和产教融合发展的实施空间。

（二）学位、专业管理机构专业规划对接地方产业结构要合理

职业教育发展模式层出不穷，需多元发展，但职业教育与基础教育和高等教育不同，职业教育具有突出的社会性、职业性和实践性①。作为教育行政管理部门，学位、专业管理机构如何就职业院校的特点，合理实施职业院校专业设置、专业布局，以适应地方经济发展需要，已经成为迫切需要解决的突出问题。

（三）建立健全产教融合发展准入机制，推进职业教育有序开展

国家要健全与产教融合相关的政策法规，实现产教融合发展的规范化，同时在法律中要明确规范权责范围，明确责任分工，如各自的权利、义务、责任、权益划分、风险划分以及奖惩等，实现校企合作产教融合的法制化、规范化，也是职业院校开展产教融合模式的重要保障。

（四）国家及地方政府、企业，应加大对“产教融合”模式的经济投入和培育，使其健康有序发展

经济是教育发展的基础，也是教育发展的保障，产教融合的发展同样离不开国家、地方政府及企业在经济上的投入和模式上的培育。国家、地方政府以及企业的投入力度将决定职业教育发展的质量，如果没有好的基础，产教融合发展也只是一句空话。

（五）充分发挥产教融合示范基地的作用，孵化专业带动产业，链条式发展

产教融合示范基地要建成企业、学校、教学、实践一体化建设，整合企业与学校资源，实现企业、学校资源最大化利用，真正实现校园与产业园、产业与专业、学业与就业的深度融合。

产教融合是职业院校发展的重要途径，也是职业院校培养高素质技能人才的有效方法和手段，通过产教融合发展模式，提高职业院校的教学水平，密切联系企业，提高人才培养质量，服务区域经济发展，有利于整合学校和企业资源，实现资源、平台共享。

① 王丹中．基点·形态·本质：产教融合的内涵分析［J］．职教论坛，2014（35）：79-82.

第二节　实现产教融合的三个关键点

职业教育开展产学研合作由来已久，且名称不断演变，比如校企合作、产教结合、产学合作等。从 2011 年教育部等九部门印发《关于加快发展面向农村的职业教育的意见》正式提出产教融合的概念，《意见》的印发，产教融合在职教界日益为人所知，并逐渐成为层次上覆盖中、高等职业教育，类型上覆盖普通教育和职业教育的概念。与校企合作相比，产教融合不仅扩大了主体的范围，而且更能体现深度的变化。

一、实现职业教育体系与产业体系的融合

谈及产教融合，大致可分为两种谈论方式：一是分散视角，即不同层次的学校和教育机构分别思考自身在产教融合中的可能作为；二是整合视角，即从类型教育的角度分析如何做好产教融合，比如普通教育如何做好产教融合，职业教育如何做好产教融合。笔者认为，尽管从分散视角可以为具体的学校等教育机构提供更为直接的指导意见，但只有坚持整合的视角，才能更好地促进职业教育体系和产业体系的融合，从而实现真正的产教融合。

职业教育是与经济社会发展结合最为紧密的教育类型，与产业体系的融合具有天然的优势。但是，只有将职业教育作为一个体系、一个整体来考量，才能更好地促进职业教育与产生体系关系的良性发展。其中，最现实的工作便是构建好现代职业教育体系。比如，如果没有应用型本科院校的参与，职业教育就无法在技术研发、创新方面形成突破，职业教育体系与产业体系的融合程度就很难得到提高。

因此，职业院校必须在观念和实践上做好如下工作：就产业体系而言，产教融合的“产”也不仅仅是企业。校企合作只是职业教育体系与产业体系融合的一个方面。因为对于产业体系而言，它不仅包括单个企业，还包括行业；不仅包括具体的产业组织机构，还包括相应的组合方式、行业运转方式。职业教育体系与产业体系的融合是作为一个整体的教育职业体系与作为一个整体的产业体系之间的融合。

二、实现知识体系与实践体系的融合

产教融合绝不是从产业到学校的单向输入，而是知识体系与实践体系的融合。不难理解，职业教育（包括各种层次的职业院校）更多的是一种知识生产体系，而产业体系更多的是一种实践体系。总体上讲，知识体系与实践体系虽然具有融合的可能性，但它的实现并不是必然的。对于关注技能的职业教育体系而言，能不能与从事生产的实践体系进行良好的融合，这是一个理论问题，但更多的是一个实践问题。从历史上看，教育界一直在尝

试与产业界、与企业进行联系，但在运行过程中，这种校企合作并不是很顺畅[①]。这个问题，并不会因为我们把“校企合作”改称为“产教融合”就能够必然地得到解决，依然会出现各种各样的问题。而且，由于产教融合比校企合作更为宏观、更为立体、更为多样化，因此这两大体系融合过程中出现问题的可能性比校企合作还要大。

技术积累是知识体系与实践体系融合的重要抓手。因为技术积累不仅包括技术知识的积累，也包括实践层面、技术操作层面的积累。技术积累可以成为最好的连接点，也应该成为产教融合最重要的实现平台。对于职业教育而言，实现产教融合，实现知识体系、实践体系的融合，必须在教育教学方式、技术积累选择方式、技术创新等方面做出相应的贡献，使学生具备将知识转化为实践的一般能力，进而实现产教融合的最根本目标。

在实践层面，必须进行教育模式的创新，努力实现“知行合一”。“知行合一”是相对理想的状态，更多的时候，我们却必须在实践中确定究竟要先知后行还是先行后知。在教育实践领域，经常出现职业院校教师不能很好地把握理论的深度、理论的广度以及实训教学中理论知识的具体处理技术等问题。因此，实现知识体系与实践体系的融合必须在实践中探索出多种多样的、具体的“知”“行”交互模式。

三、有效推进紧密型共同体建设

产教融合不是实习实训地点的简单变换，而应以紧密型共同体为现实依托。在机构组织方面，产教融合还必须有相应的现实载体。这种载体可能存在于学校，也可能存在于企业。《意见》既鼓励以学校为主的产教融合共同体，也鼓励以企业为主的产教融合共同体。长期以来，谈到校企合作和技术技能人才培养时，也会提到“双主体”的要求和设想。但事实上，所谓的“双主体”更多的还是学校主体。然而学校的主要人员是教师，这种模式具有天然的缺陷，存在的问题已经被诸多专家指出，比如教育教学中仍然存在对企业观照不够、对实践关注不足的问题。

当然，我们也不能从一个极端走向另一个极端。比如，完全否定以学校为主的产教融合紧密型共同体建设。因为我们要推动的产教融合并不是为企业一线进行简单化的、技能复制性的员工培训，更多的是优化职业院校的教育教学、优化技术技能人才供给方式。而对职业院校的人才培养而言，学习一定理论、按照教育规律来办学，依然是我们必须把握的首要问题。职业院校与社会培训机构最大的不同是，职业院校更多地注重学生长远发展，而不仅仅是为企业生产线快速、直接地培养一线员工。产教融合是一种平台，是一种方式，是培养具有职业发展能力、技术创新能力、技术扩散能力的创新型应用人才的重要途径。

关于以学校为主的产教融合组织建设模式，许多学者围绕双主体学院、众创空间等进行了探究，这些多为实体性强的机构建设；另有部分学者从“双元”结构小组、协同创新团队等角度进行研究和实践，这些则为软性的合作创新形式。形式不是关键，关键是内容。

① Willis S，Kissane B.Outcome-based Education：A Review of the Literature Prepared for the Education Department of Western Australia[R].1995.

《意见》提出，要促进教育链、人才链与产业链、创新链的有机衔接。对于新时代的产教融合而言，无论以何种方式进行融合，只要牢牢把握技术积累，把握机制创新，切实地推进教育体系与产业体系、知识体系与实践体系的融合，并将这种融合内置于紧密型共同体这种现实载体之中，均可有相应的收获。

第三节 产教融合及其深化内容

产教融合、校企合作是职业教育的一种办学模式，产教融合的内涵丰富，具有发展性，与校企合作既有区别又有联系。当前，我国产教融合存在一些现实问题，深化产教融合可以从推进校企利益融合、制度融合、文化融合、技术融合、资源融合、人员融合六个方面开展。

产教融合、校企合作是职业教育的一种办学模式，是办好职业教育的重要探索。现代职业教育在三个层面体现了各自特征，即在管理体制上的产教融合；在办学模式上的校企合作；在课程教学上的工学结合。三个层面的主体、要素、关系集中了职业教育理论与实践的重要问题。当前，关于校企合作、产教融合的基本原理，理论界研究尚在深入，这既反映了校企、产学和产教的结合方式和内容的复杂性，也体现了“结合”“合作”和“融合”的主体多元性和多样性。

一、产教融合的基本内涵

通过“校企合作”，进行人才培养，在西方国家已有近百年历史。对于“产教融合”的研究，较早的是美国芝加哥大学教授福斯特（Philip J.Foster，1965 年），他在《发展规划中的职业学校谬误》（The Vocational School Fallacy in Development Planning）中提出的[①]。在我国，推进校企合作、产教融合的国家政策经过了一个不断发展的历程。历时四年，国家一级的文件就有八个，反复提出“产教融合”问题，反映了国家的高度重视。校企合作与产教融合既有区别也有联系。

“校企合作”是学校为了实现人才培养目标接近企业、寻求与企业联合办学的教育策略。起初，职业院校为专业建设或学生就业而主动接触企业，聘请行业人员作为兼职教师或咨询顾问，在企业建立学生实习实训基地，开展学生实习、就业，或者企业职工教育培训等。早期校企合作的建立和维系一般主要靠彼此“关系”或“感情”，交往简单，联系灵活，一般多是从学校到企业的单向过程，具有暂时性和易变性特点。

“产教融合”是在校企合作的基础上，通过学校教育教学过程与企业生产过程的对接，是融教育教学、生产劳动、素质养成、技能提升、科技研发、经营管理和社会服务于一体

① 李志义，朱泓，刘志军，夏远景.用成果导向教育理念引导高等工程教育教学改革[J].高等工程教育研究，2014（2）：29-34.

的行为或过程。其本质是以对接产业发展为先导，以系统培养技术技能为基础，强化实践教育，打破藩篱分割，开展合作育人。产教融合是校企双向互动与整合的过程，校企交往由单向自发走向双向自觉，具有较高的交融性和稳定性特点，是校企合作的高级阶段。

从语义上看，“校企合作”注重的是“学校”与“企业”之间的单体互动，“产教融合”则可以看作为“产业”与“教育”行业或系统之间的结合。“合作”体现的是在同一框架下，双方共同完成内容与任务；而“融合”则体现的是“我中有你，你中有我”，相互交融、双方关系密切甚至合而为一；二者交融深度和广度是不尽相同的。

从主体参与程度上看，“校企合作”主要体现的是“学校”和“企业”在人才培养、科技服务和社会培训等方面的互动。在这个过程中，学校常常因为自身需要而成为合作的主动发起方，企业常常是被追求的合作方。而“产教融合”则是校企合作深度交融，即将产业的理念、技术、资源整合到学校的培养体系、课程、实训以及师资建设中，同时将学校培养的学生、科研和双创成果带给产业，共享和优化产学资源配置，助力产业建设，培养高素质创新人才。校企双方都是合作主导者，形成发展的共同体。

从教学过程看，校企合作下的学校，一般开展的多是“订单培养”“合作办班”“定向培训”“企业冠名班”等，对接的常常是某个企业，其教学标准也多囿于企业要求。而产教融合意义下的学校对接的则是行业统一性要求，教学采用产业、行业标准；实训、实习强调的也是在真实的工作环境中实干真做，成为教学计划的组成部分，学生学业水平的部分以企业标准进行测评。因此，学习与工作一体，学做人与学做事统一。

如果说“校企合作”具有具体性和微观性特点，那么“产教融合”则具有宽泛性和宏观性特点。产教融合的关键是学校和企业主体积极性，这既涉及人才培养模式改进，还事关教育组织形态和政策服务供给方式变革，深化产教融合是完善现代职业教育治理体系的一项制度创新，也是深化教育供给侧结构性改革的一个重大举措。

二、深化产教融合的现实问题

（一）产教分离的体制问题尚待解决

我国的职业院校，最初很多都是由行业主管部门或企业自力更生办起来的。在当时的情况下，行业或企业为了培养自己需要的人才建立学校，学校干部是行业主管部门或企业派来的，资金来源是行业主管部门下拨或企业筹措，教师是从行业或企业聘用的，学生就业直接到本行业企业，学校与企业有天然的血缘关系，产教融合自然密切。当然，那个时期的职业教育也存在办学不规范、教育质量和水平不高等问题。

然而，从 20 世纪 90 年代后期开始，职业院校全部归教育部门统管，各部门、各行业交出自己的学校，企业不再创办教育。由于缺乏促进产教融合、校企合作的整体性、系统性政策供给，职业教育在产教融合方面走过了一段“弯路”。职业院校的人员、资金设备都是由教育主管部门负责，教师都是正规大学毕业的，虽然教学管理严谨了、课堂教学规范了，但人事、财政权力的转移，管理体制的变化事实上割断了学校与企业之间的天然联系，实质性的产教互动逐渐减少，虽然国家密集出台多份文件，但从实际效果上看，“两张皮”问题没有得到根本解决。

（二）政府部门间缺乏相互主动协调

《关于深化产教融合的若干意见》提出了许多鼓励和支持企业参与职业院校办学政策，这些政策绝大部分的真正落地都不是哪一个部门能够独立完成的。作为国家政策制定主体的发展、规划、财政、税收、干部、人事等部门应该协同联动、主动作为，而不是教育部门一家孤军奋战①。然而，当前职业教育发展的瓶颈恰恰就是一些部门、一些地区敲锣打鼓提得多、较真碰硬做得少，一些政府部门对自身如何发挥主导作用认识不足，实现主导作用的形式和路径随意，在对职业教育的行政管理中，很多时候都是“移植”普通教育管理规范，对校企合作的资源整合力度不够，经费投入引导和保障机制、监督评价机制等缺乏针对性，导致中央出台的政策落不到实处。

（三）企业主体参与职教内驱力不够

当前，企业大多处于被动状态，对产教融合缺乏积极性，不太愿意承担职业教育的社会公益责任，“学校热、企业冷”，合作关系大多靠个人感情维系。一些企业的功利性太强，合作中信息从学校向企业流动多，企业回流学校少，企业缺乏参与人才培养的基本动力。虽然在探索建立职教集团、理事会、董事会等形式，但学校和企业还没有形成伙伴关系，在其组织功能、组织文化方面尚需要进一步整合。

（四）行业指导专业能力不足

“现代产业发展的首要问题就是行业规范和行业标准的现代化，而行业规范和行业标准正是职业教育专业建设与课程建设的重要依据，也是行业参与合作育人的核心依据之一。”一方面，受产业发展水平和市场变化的影响，区域内很多行业组织名存实亡。另一方面，由于我国法律没有明确规定行业协会在职业教育发展中的地位和作用，行业自身水平有限，指导职业教育发展的能力不足，尚不具备西方国家行会那样制定标准、主持考试、颁发资格证书的权利和能力，行业组织在校企合作中所发挥的作用较弱。因此，行业主管部门要加强引导，通过职能转移、授权委托等方式，支持行业组织开展专业服务。

（五）学校自身内功不强

经济产业结构对于学校的课程体系、师资队伍、实践教学、质量评价等要素具有决定性作用。当前，学校自身办学定位偏低，整合资源能力不够，专业设置与行业发展缺乏主动联系，学校课程内容与职业标准、教学过程与生产过程相对脱节；学校生源差，学生学习缺乏积极性，总体素养不高；教师教学重知识传授、轻专业能力培养，人才培养和产业需求存在着“两张皮”。合作中，学校缺乏高校所应有的科学研究的深度和学术文化的高度，

① 张文杰，秦登峰.基于产教融合的定向班人才培养模式研究：以上海工会管理职业学院为例[J].职教论坛，2015（5）：66-79.

专业水平和技术技能积累不足，未能确立校企双方共同尊重的教育规范和标准，技术服务能力较弱，难以给予合作企业有效的专业服务。

三、深化产教融合的基本内容

深化产教融合、校企合作是职业教育体制、机制、模式改革的核心。教育与产业只有坚持利益互补、资源共享、文化共融的思路，坚持产业链和教育链有机融合，才能不断深化校企合作。产教融合可以在以下六个方面进行深化。

（一）推进校企利益融合，建立合作长效机制

产教融合、校企合作是以满足校企两个主体的利益诉求为宗旨，共享共赢是其共同特征。互利互惠使校企双方从感情机制走向利益机制，确保长期合作、深度融合。在校企合作中，学校的目标追求是培养符合企业需要的人才，学校各专业与行业、企业建立直接联系，了解和掌握行业发展趋势和需要，改革专业教学，为企业培养需要的人才；同时，学校还可以利用企业资源，进行“双师型”教师培养，发挥自身优势，提高学校的知名度和美誉度。而企业是以获取更大经济利益作为价值追求，在校企合作中，企业可以便捷、高效地选择学校培养的人才加入企业，对职工进行继续教育，通过对教育支持，起到宣传效应，树立企业形象；借助学校资源和政府政策支持，节约成本，进行新产品研发、新技术引进、设备技术改造等，提高整体效益。深化产教融合要建立校企双方利益共同体，共享和优化产学资源配置，培养高素质创新人才，助力产业建设。

（二）推进校企制度融合，为学生职业发展做准备

学校制度是指校纪、校规、班规、学生守则、劳动制度、卫生制度，以及考试规则、休息制度等。现代企业管理制度是实现企业目标的有力措施和手段。大体上分为规章和责任，规章侧重于工作内容、范围和工作程序、方式；责任侧重于规范责任、职权和利益的界限及其关系。一套科学完整的企业管理制度可保证企业正常运转，使员工个人的活动得以合理进行，又成为维护员工共同利益的强制手段。学校制度与企业制度有很大的差异，校企双方相互借鉴，学校教育中，除了保证在课堂有效时间传授知识外，还要提前在教育内容渗透现代企业制度的学习，培养学生的规则意识，把未来职业要求以多种形式呈现在学生面前，为学生职业发展做好准备。产教融合就是要将优秀的企业制度中的基本要求融入学校教育教学和学生的日常生活中。

（三）推进校企文化融合，为培养优秀人才奠基

校园文化是学校在长期的教育、教学和生活中所形成的学校价值观念、学校传统、精神追求、行为准则、道德规范和生活观念的总和，其内核是学校师生员工共同的价值观念。产业（企业）文化是指企业生产经营中长期形成的一种精神成果和文化观念，包括企业精神、企业道德、企业价值观念等，是企业意识形态的总和。产教融合、校企合作就是要将

两种文化融合，在校企利益共同体层面形成集体文化。学生在理论和实践技能学习的同时，让学生受到企业文化的浸染，培养学生具有企业精神、企业道德、企业价值观念，更快地熟悉职场的情景，为未来做准备。而企业吸取合作学校的价值观念、精神追求和科研成果，更新员工知识体系、创新员工思维方式。通过融合双方文化理念，为培养优秀人才奠基。

（四）推进校企技术融合，实现教育价值和经济社会价值

学校的技术成果可以和企业的技术结合，学校的技术成果主要是教育科研产生的输出，如论文、著作、报告、新产品、奖项等；与学校不同的是，企业是通过技术研发获得真正的价值，从而提高利润；产教融合，学校关注行业企业的发展动向和技术发展趋势，师生科研可为企业技术和产品研发、成果转移转化等提供支持；双方根据市场需求，合作设置专业、研发专业标准，开发课程体系、教学标准以及教材、教学辅助产品，合作研发岗位规范、质量标准等，打造适应企业发展和区域经济发展需要的特色专业和专业群。产教融合可把学校理念层面技术与企业产品层面技术有机结合，推动相互转化，实现教育和经济社会价值。

（五）推进校企资源融合，夯实校企合作物质基础

资源融合是校企利益共同体存在的条件，是一方资源为另一方所共享和使用。物质条件是学校办学的综合基础和实力的重要标志[①]。学校建立实训室等相关资源要与行业、企业最新发展方向保持一致，学校资源建设对接企业发展方向，企业投资提高教育服务水平，合作共建、共管教学和科研机构、实习实训基地、技术工艺和产品开发中心及学生创新创业、员工培训、技能鉴定等，节约投资，相得益彰，使学生能够获得多方位的实践和学习体验，增加实践技能；企业员工可以获得完善、先进的继续教育。

（六）推进校企人员融合，提高师生和员工职业素养

学校与行业企业，在管理层面上组成职业教育治理共同体，人员交叉担任实职，在师资层面上创造条件交叉任职，改单项聘任兼职为双向兼职。合作制定人才培养或职工培训方案，相互为学生实习实训、教师实践、学生就业创业、员工培训提供服务。组织开展技能竞赛，根据企业工作岗位需求，开展学徒制合作，联合招收学员，按照工学结合模式，实行校企双主体育人，学生可获得企业指导的实践平台，学校通过学生在企业实训，对企业进行深入考察，双方共同推动对学生教育的融合。

① 荆宇 . 农业高职教育产教融合“二元三体系”人才培养模式的实践探索 [J]. 职教论坛，2017（21）：70–75.

第四节　校企合作与产教融合异同论

校企合作和产教融合虽密切相关但并不等同，本节通过概念与背景、主体与核心、地位与作用、类同与差异、实现途径与内在关联等五个方面，对校企合作和产教融合的相同与相异之处加以论析。

进入21世纪以来，随着我国职业教育的蓬勃发展，无论是会议文件还是报章杂志，将校企合作与产教融合相提并论的现象不胜枚举，以至于人们对校企合作和产教融合的概念早已耳熟能详，而实际上两者虽密切相关但并不等同。因此，有必要对校企合作和产教融合的相同与相异之处加以论析。这对于我们更好地理解党和国家的方针政策，主动适应新常态、自觉践行新理念，从而“营造全社会充分理解、积极支持、主动参与产教融合的良好氛围”不无裨益。

一、校企合作和产教融合的概念与背景

校企合作、产教融合作为概念，其内涵既同中有异又异中有同，两者共同形成于一而二、二而一的背景之下。文献史料表明，欧洲是校企合作概念的最早形成之地。20世纪中期，为迎接新技术革命的挑战，出于高效培养大批技术技能人才的需要，欧美等发达国家相继进行大规模的教育改革，德国的“双元制”、美国的“合作教育”、澳大利亚的“新学徒制”和法国的“学徒培训中心”等作为其典型代表，如雨后春笋般应运而生。同国外相比，我国形成校企合作概念的时间要晚半个世纪，在“2002—2004年普及西部农村职业教育大讨论”中被首次提出，后来才逐步成为社会共识。2005年10月，国务院做出的《关于大力发展职业教育的决定》（国发〔2005〕35号）强调，要“大力推行工学结合、校企合作的培养模式”。2006年3月，《教育部关于职业院校试行工学结合、半工半读的意见》（教职成〔2006〕4号）也要求，“进一步推进校企合作，找准企业与学校的利益共同点，注重探索校企合作的持续发展机制，建立学校和企业之间长期稳定的组织联系制度，实现互惠互利、合作共赢”。校企合作的内涵在于，以培养合格的社会劳动者和高素质技术技能人才为目标，以提高高职教育质量和学生素质为宗旨，紧密结合学生理论知识的学习与实际操作的训练，开展职业院校与行业、企业之间的合作，达到企业与毕业生双向选择的可能性最大化，从而促进经济社会发展。对于职业院校来说，在学校与企业之间进行资源交互，不但可以使企业的运营机制、岗位需求同学校的人才培养体系、人才培养目标相结合，而且能够通过协调、互动和分享等长期合作模式，无缝对接职业院校人才培养成果与企业人才需求。

产教融合作为世界各国职业教育发展的共同追求和职业教育一致遵循的基本规律，是

一个具有内涵更深、外延更广的宽泛概念，更是一项融合教育制度与产业制度的国家基本制度，其内涵与外延绝非校企合作可比。就产业发展方式而言，产教融合打破了主要靠产量和劳动力数量对经济增长的推动方式，而把人力资本和科技进步嵌入增长环节。就教育发展方式而言，产教融合打破了相对封闭的教育发展方式，而把职业教育内化于经济增长和产业链发展过程。国外虽有产教融合之实，却无产教融合之名，对产教融合的研究也不多。在我国，产教融合概念的形成也是近20年的事情。《职业》1995年第2期刊发《加强系统化管理不断提高生产实习教学质量——江苏无锡市技工学校》一文，首倡“产教融合化”，但内涵过于狭窄，“产”仅指“产品”，“教”亦只是“教学实习”。2007年12月，施也频和陈斌径以《产教融合，特色办学》为题撰文，在《中国职业技术教育》上对产教融合进行专题探讨，尽管使用了产教融合的概念，然而内涵仍未明确。2011年，教育部在《关于加快发展面向农村的职业教育的意见》中，提出“促进产教深度合作”的要求，后来逐渐演化为产教融合①。产教融合概念的正式形成虽然晚于校企合作，却有后来居上、捷足先登之势，现在已经上升为国家发展现代职业教育的战略决策和制度安排，从内涵到外延远超校企合作，居主导和统领地位。

二、校企合作和产教融合的主体与核心

在世界范围内，由于历史的原因和现实的因素，校企合作形成了两种基本模式，一种以学校为主，一种以企业为主。迄今为止，我国的传统校企合作模式基本上以学校为主，而这又成为矛盾和问题产生的逻辑始点。在“校热企冷”的传统校企合作中，作为办学主体的学校担负着专业建设的规划、培养目标的确立、教学计划的制订、教学过程的展开、教学成果的鉴定等诸多任务，企业在合作中只是扮演着被动者、参与者和辅助者的角色。这种模式一是忽略了企业在合作中的作用，既没有突出企业的特点，也没有发挥企业的特长；二是出现了高职教学与就业需求的偏差，不但学生难以实现与企业的零距离对接，而且企业参与办学的积极性受挫，课程内容与职业标准、教学过程与生产过程相对脱节，重理论、轻实践的问题普遍存在。造成这些问题的原因固然很多，但产教融合的整体性和系统性政策供给缺乏，激励保障服务还不到位，政府企业学校行业社会各负其责、协同共进的发展格局尚未健全和完善，是其根本原因。只有深化产教融合，让行业企业成为重要办学主体，才能有效解决上述问题，使校企合作之路越走越宽、越走越实。

产教融合与校企合作各自的侧重点不同，前者重在“产”，后者重在“校”。产教融合既是人才供给侧结构性改革的重点领域和关键环节，也是深化教育供给侧结构性改革的重要问题和重大举措，而让行业企业成为重要办学主体又是其战略选择和核心所在。目前，我国职业教育面临结构不合理、体制机制不顺畅、校企合作不深入等现实问题，特别是教育人才培养和产业需求的“两张皮”现象十分突出，一方面是高技能人才的资源匮乏，另

① 黄修梅，贾永红，严海欧，等.基于产教融合种子专业人才培养模式的探索与实践[J].种子，2018（3）：132-134.

一方面是高级专业技术人才的严重浪费，致使职业教育成为制约经济结构调整的症结和瓶颈。因此，具有基础性、先导性、全局性特点的教育结构调整，是经济领域供给侧结构性改革的重要抓手。同时，要坚持问题导向，把落脚点放在建立以深层矛盾为指向的教育优先供给机制之上，推动教育与经济社会发展相协调，促进就业创业，引领和支撑产业转型升级。深化产教融合作为完善现代办学体制和教育治理体系的一项制度创新，对于促进教育链、人才链与产业链、创新链的有机衔接，发挥着极其重要的作用，是新形势下转型升级的“助推器”、促进就业的“稳定器”、人才红利的“催化器”。

三、校企合作和产教融合的地位与作用

校企合作和产教融合虽然同为职业教育发展的命脉之门，但两者的地位和作用并不对等。产教融合是政府与市场有效对接和合作互动的战略举措，而校企合作只是产教融合战略的外在形式与实现途径。产教融合的“产”指的是“产业”,“教”指的是“教育”。这里，深化产教融合，关键在于校企合作质量。如果说校企合作是手段与平台，那么产教融合是目标与结果。因此，在理论与实践中让校企合作和产教融合平齐并坐，实为皮相之见乃至认知误区。对于职业教育而言，校企合作是基本策略和主要方式，产教融合则追求更高的教学质量和办学水平。

2014 年 5 月,《国务院关于加快发展现代职业教育的决定》(国发〔2014〕19 号）对“产教融合、特色办学”加以强调，要求“同步规划职业教育与经济社会发展，协调推进人力资源开发与技术进步，推动教育教学改革与产业转型升级衔接配套。突出职业院校办学特色，强化校企协同育人”。2017 年 12 月,《意见》(国办发〔2017〕95 号）提出“构建教育和产业统筹融合发展格局”，确定深化产教融合的主要目标，从而把产教融合提到职业教育改革的新高度，足见产教融合的地位之高、作用之大、国家之重视。可以预见，在不久的将来，产教融合一定能够为我国的职业教育和产业振兴，带来欣欣向荣的繁荣景象。然而，虽然校企合作是产教融合的重要实现路径，但产教融合还不是校企合作的最终目的。产教融合的终极目标是以学校这一承载梦想的空间，培育出更多的合格劳动者和高素质技术技能人才。而构建校企合作长效机制，可以充分调动企业参与产教融合的积极性和主动性，实现校企协同和合作育人，从而为产教融合提供重要支撑。

四、校企合作和产教融合的类同与差异

校企合作既是职业院校办学质量的核心保障，也是高职教育特色发展的重要推手。作为办学主体的职业院校，应主动寻求校企合作的切入点，积极推进产教深度融合。目前，传统校企合作只有顶岗实习、订单培养、冠名办班、短期培训、引企入校等主要模式和实现形式，总体上尚处于浅层次、自发式、松散型、低水平状态。其方式与途径仅具有表面性、单一式、简易型、粗线条的特点，与产教深度融合背景下的校企合作不可同日而语。

职业教育与行业企业紧密结合本来天经地义，但由于我国职业教育主要是教育部门乃至政府办学，行业企业没有主动而积极地参与其中，让产教分离堵住了职业教育发展的“命门”，使人才培养脱离社会需求成为必然。

校企合作和产教融合相互依存而又有区别，前者具有传统单一性，后者颇富教育未来性。首先，产教融合有别于传统意义上的校企合作。校企合作中的订单培养、现代学徒制等培养模式和教学标准的适用范围比较狭窄，只能与某个企业对接，而产教融合则是强调技术的社会性，制定符合产业、行业和团体的教学标准，因而成为校企合作可持续性的保证。其次，产教融合有别于传统意义上的实训实习。校企合作中的实训实习往往以仿真模拟为主，注重单项技能培养，而产教融合作为教学计划的重要构成和实践性教学活动，是在教师指导下有目的、有组织、有要求的实际操练，产品质量和成本效益是学生学业水平的衡量依据。因此，在产教深度融合背景下具有实战性的项目训练，是提高学生职业素质的实现路径。再次，产教融合有别于传统意义上的顶岗实习。校企合作中的顶岗实习是在校学生在基本完成教学实习和学过大部分基础技术课程之后，到专业对口的企业现场直接参与生产过程，综合运用本专业知识和技能，完成一定生产任务并养成正确劳动态度的一种实践性教学方式，其单一化和直接性显而易见。而产教融合则是主动而自觉、自然而有效地参与整个育人过程，在进行相关产业活动的同时，也把产业理念、产业技术、产业文化、产业力量引入教学活动，使职业教育的发展模式发生质变和飞跃。最后，产教融合有别于传统意义上的校企合作要求。传统校企合作一般只靠院校自身的力量就能实现，而产教融合比校企合作的要求更高，仅凭院校自身很难达到目的，只有通过顶层设计和政策支持，才能深化促进校企合作体制机制改革，进而实现产教深度融合①。

五、校企合作和产教融合的实现途径与内在关联

《意见》首次明确了深化产教融合的政策内涵和制度框架，从企业参与、学校培养、政府主导、政策支持等四个层面，提出了产教深度融合的实现途径，揭示了校企合作和产教融合的内在关联。

（一）强化企业重要主体作用

第一，要拓宽企业参与途径，坚持准入条件透明化、审批范围最小化，鼓励企业投资产教融合。第二，要深化“引企入教”改革，将企业需求融入人才培养之中，推行面向企业的任务式培养模式。第三，要开展生产性实习实训，鼓励以引企驻校、引校进企、校企一体等方式，吸引优势企业与学校共建共享生产性实训基地。第四，要以企业为主体推进协同创新和成果转化，支持企业、学校、科研院所围绕产业关键技术、核心工艺和共性问题开展协同创新。第五，要强化企业职工在岗教育培训，创新教育培训方式，鼓励企业向职业学校、高等学校和培训机构购买培训服务。第六，要发挥骨干企业引领作用，支持各

① 顾东岳，王建军．构建高职校企合作生态圈的探索 [J]. 南通职业大学学报，2014（4）：52-55.

类企业依法参与校企合作。

（二）推进产教融合人才培养改革

第一，要将培育工匠精神融入基础教育，组织开展“大国工匠进校园”活动。第二，要推进产教协同育人，坚持职业教育校企合作、工学结合的办学制度，为学生提供多样化成长路径。第三，加强产教融合师资队伍建设，支持企业技术和管理人才到学校任教，以及在职教师定期到企业实践锻炼。第四，完善考试招生配套改革，建立复合型、创新型技术技能人才系统培养制度。第五，加快学校治理结构改革，鼓励引入行业企业、科研院所、社会组织等多方参与。第六，创新教育培训服务供给，鼓励教育培训机构、行业企业联合开发优质教育资源，允许和鼓励高校向行业企业和社会培训机构购买创新创业、前沿技术课程和教学服务。

（三）促进产教供需双向对接

第一，要强化行业协调指导，积极支持行业组织制订深化产教融合工作计划，开展人才需求预测、校企合作对接、教育教学指导、职业技能鉴定等服务。第二，要规范发展市场服务组织，构建作为实现校企利益诉求有效载体的校企利益共同体，推进形成稳定互惠、紧密联结的校企合作长效机制。第三，要打造信息服务平台，依托平台汇聚区域和行业人才供需、校企合作、项目研发、技术服务等各类供求信息，向各类主体提供精准化产教融合信息发布、检索、推荐和相关增值服务。第四，要健全社会第三方评价，强化监测评价结果运用，作为绩效考核、投入引导、试点开展、表彰激励的重要依据。

（四）完善政策支持体系

第一，要实施产教融合发展工程，“十三五”期间，支持一批中高等职业学校加强校企合作，共建共享技术技能实训设施，加强产教融合实训环境、平台和载体建设。第二，要落实财税用地等政策，优化政府投入，完善职业教育、高等教育拨款机制。第三，要加大金融支持，鼓励金融机构支持产教融合项目，积极支持符合条件的产教融合项目建设。第四，要开展产教融合建设试点，鼓励第三方开展产教融合型城市和企业建设评价，完善支持激励政策。第五，要加强国际交流合作，开发符合国情、国际开放的校企合作培养人才和协同创新模式。

十八大以来，党和国家对现代职业教育和人才改革发展做出一系列重大决策部署，特别是《意见》出台了深化产教融合的政策措施，使产教融合成为国家教育改革和人才开发的一项整体制度安排。我们深信，随着产教融合发展理念和制度供给的落地生根，教育对产业转型升级的支撑引领作用将会得到更好的发挥，从而进一步推动教育与经济社会的协调发展。

第五节　新时代产教融合动力机制系统的建构

职业教育的特质表现为跨界性，包括政府、行业组织、职业教育机构、企业、科研院所以及其他相关组织等，这些组织共同参与构成职业教育系统。产教融合只有多主体参与才能完成培养技能技术型人力资源的功能，才能体现和彰显其存在的价值。校企合作、产教融合没有实质性突破的深层次原因在于动力不足，既有内生动力机制问题，也有外部动力机制问题。只有从职业教育体系、产教融合所有相关者层面而不是从某个孤立方面或环节单独发力，建构新时代产教融合动力机制系统，才能从系统层次深化产教融合。

职业教育的特质表现为跨界性，不同于其他任何一种教育类型，包括政府、行业组织、职业教育机构、企业、科研院所以及其他相关组织等，这些组织共同参与构成职业教育系统。职业教育只有校企合作产教融合的多主体参与才能完成，才能培养适应经济社会发展需要的技能技术型人力资源，才能完成其存在的价值。深化产教融合校企合作必须从内外两个领域推进，构建内外部两个动力系统。外部动力机制系统就是政府、行业组织、社会组织层面的体制机制政策，包括校企合作平台、运行机制、政策法规以及系列保障体系等，深化校企合作亟须这样层面的体制机制的创新；内生动力机制系统就是职业院校和企业层面，按照市场机制运作，面向企业、市场，以资源、利益为纽带，激发双方合作的自觉性、主动性。内生动力机制遵循两个原则，一是市场机制原则，二是利益相关者理论原则。

一、新时代产教融合动力机制系统

（一）职业教育产教融合相关者构成

职业教育利益相关者分为三大类。

1. 职业教育管理主体

主要是指政府及相关部门，通过政策、行政管理约束职业教育具体实施主体，保证职业教育的方向和原则。

2. 职业教育实施主体

主要是指教育机构和企业。产教融合就是指职业教育机构和企业或企业集团的合作，校企合作、资源共享、互利共赢，在产教融合过程中各自获得所需的资源，实现各自价值追求。

3. 协作主体

主要是指在市场或者社会领域起到凝聚或载体作用的社会组织。这些协作主体具有共同的生产或服务内容，信息需求、市场需求、技术需求相似，产业行业标准一致。包括产业合作社、行业协会以及第三方服务组织等社会组织[①]。这些社会组织对内部成员或成员单位有规范约束管理职能，对外作为组织整体集中表达组织权益或共同利益，有些社会组织可以行使政府转移的部分职能，对本行业进行管理、协调、服务、监督，有的也具有鉴定评价服务或产品功能的作用。

（二）职业教育产教融合动力机制系统内涵

校企合作动力机制系统，包括内生动力机制和外部动力机制两个子系统。内生动力的产生基于职业院校与企业双方的利益、资源的互补。实现校企双方共同的利益和资源互补是双方共同的价值追求。

1. 提升校企异质性资源的质量、互补性

校企资源互补是校企关系的核心。没有双方资源互补需求，没有教育产业与企业两个跨越界限的区域主体通过市场机制的有效衔接，校企关系就不会深化和持久。

2. 搭建产教融合的便捷路径

创设资源互补交易的便捷路径，促进资源顺畅互补交易，使校企双方资源能够转化为各自资源，并为各自继续创造新价值，才能增强校企合作的内生动力。外部动力最重要的是办学主体。政府作为职业教育的管理主体，是促进产教融合校企合作的基本力量，包括三个方面，一是校企合作的体制平台，二是法律法规，三是政策机制。同时，社会组织特别是行业组织也是外部动力的重要部分，有强大的产教融合关联放大效应。

二、新时代产教融合内生动力机制子系统

校企双方追求并获取异质性资源是校企关系的核心。如果没有职业教育与产业、企业这两个主体通过市场机制的有效衔接，校企合作关系的存续和深化就不可能。

（一）异质性资源是产教融合内生动力机制基础

职业院校的异质性资源，主要包括技能型人力资源、科技服务、社会培训以及社会信誉度等。它所能提供的是具有高技能的能为企业带来价值的人力资源，为企业发展而进行科技创新与技术改造资源以及为社会事业发展所需的管理资源。职业教育机构是企业发展的利益相关者。同样，企业也是职业教育机构的利益相关者，它所提供的是学校在人力资源教育过程中所需要的生产经营岗位、场景、技术、信息以及企业文化、职业精神的养成等，是职业院校实现技能型人才培养目标的重要资源。深化校企合作，就必须密切双方关系，拓展和提升双方资源互补范围和程度，增强内生动力，这是校企合作的根本动因。

（二）异质性资源互补交换是校企合作内生动力

获取异质性资源是校企合作的内生动力，院校与企业在发展过程中都有各自的价值追求。它们都期望充分运用利益相关者的资源优势进行交换，也正是获取优势异质性资源的冲动和机制，成为校企合作内生动力，使得校企合作体制机制建立成为可能。企业资源

① 饶丽娟．高校产教融合运营机制存在的盲区与突破 [J]. 中国成人教育，2018（12）：45-48.

依赖理论认为，各个企业都是独立利益个体，每个企业都有自己的资源特色和技术优势，在企业发展过程中，都期望在社会组织之间得到企业发展所需的稀缺资源，来为企业发展增添发展潜力。企业在关键资源如人力资源、科技和技术资源方面毫无疑问地会努力进行控制和占有。因此，职业教育成为企业特别是中小型企业的强烈需求，以此获得专业技能技术人才，支撑产业发展。从企业方面，进行产教融合，获取企业改革发展的人力资源是明智之举。由此可见，职业院校、企业或者行业都是利益相关主体，它们关系的维系应该通过市场机制建立在相互获利或者资源共享的基础之上，没有这种内在的利益关系支撑，单纯的外部拉郎配方式不可能深入持久，也不符合市场经济运行规律，资源利益共享是校企合作产教融合的本质特征。在竞争合作中实现各自利益包括社会效益，完成各自的价值追求。

（三）提高产教融合内生动力路径

异质性资源互补交换便捷路径是激发校企合作动力的重要因素，实质上就是体制机制问题。

1. 梳理整合包装校内资源，引企入校

激活职业院校相关资源，引企入校或者区域化建立职业教育产业园区等，促进产教融合进行人才培养。职业院校充分利用院校科技、人才、服务的资源吸引高技术企业、新型产业或产业孵化机构进驻，在人力资源供应、市场拓展、场地厂房等方面支持支撑产业提升进步，提供企业稀缺资源，提高企业运营效率，促进院校或企业科技成果转化，储存企业发展后劲，增强企业抗风险能力。兴办校办企业（高新技术企业）策略就是，通过校办产业实现校企合作产教融合进行技能型人才培养。兴办校办企业要注意三点：一是要把技能型人才培养放在首位，切忌单纯利益驱动。校办产业要有典型的岗位和环节保证见习实习。二是建立现代企业制度，注重契约管理，化解学校风险。三是要用足用好校内创业孵化器等相关支持政策，确保企业效益，确保创业示范效应。

2. 创新异质性资源交换载体和形式

开拓各种类型的订单班等班次，不断丰富校企合作内涵。新时代，在供给侧结构性改革的把背景下，具体的产教融合载体在实践中不断健全和完善，从当前和今后一个时期产教融合趋势分析，在已经证明是行之有效的定点培养班、校企共建联合实训室、模拟实验室等基础上，开展引院入校、职业教育产业园区建设都是产教融合的创新。引院入校既吸引了专业教学资源，又集聚了校企合作资源，是成本较低的产教融合创新形式。通过新引进的二级学院或者独立学院，联系更多的企业或产业，进一步深化校企合作产教融合。职业教育产业园区建设是近几年来职业教育产教融合的新载体，园区打破了传统的学校、企业封闭运行状态，在体制机制、空间、资源、人才、市场、社会服务等领域进行了深度融合，形成了产业引领指导学校专业建设、专业支撑促进产业进步创新的良性循环格局。

3. 探索校企合作第三方服务机制

行业组织作为校企合作的协作主体，在畅通校企异质性资源信息、推动校企异质性资源交换实现中，是最适宜恰当的协作参与方。行业组织参与可以大大降低信息和资源交易成本，是社会组织的功能所在。各类行业社会组织具有强大的关联放大效应，职业教育机构与行业社会组织合作可以高效地搭建以点带面的快捷通道。教育机构主动与现有的各级各类行业组织联系，融洽关系，宣传校企合作的形势和政策，阐发利弊关系，争取行业组织参与支持。在此基础上深化合作，借鉴先进经验，创新和发展学校与行业组织合作机制。职业教育机构与社会组织的合作是从点上突破，涉及的是面上相关行业产业的企业，在资源、信息等合作上是高效便捷的路径。

4. 集群化实施校企合作产教融合

促进职业教育集群化，建立职业教育集团是释放职业教育规模效应的选择。建立职业教育集团体制机制。建立完善规范的市场导向运行机制。积极作为，以信息共享为切入点，建立信息共享平台和信息共享机制。需要的资源主要包括劳动力资源、师资资源、培训资源、文化资源、消费资源等，行业企业的企业实景资源、企业文化资源、岗位流程资源、技术师资资源、产业信息资源等。将这些资源打包共享，减少资源交易成本，提高资源效益①。统筹人力资源、市场岗位资源、科学技术资源、文化资源等，实现校企深度融合。

三、新时代产教融合外部动力机制子系统

（一）职业教育管理主体（政府）相关政策规范

政府是职业教育区域办学和管理的主体，承担职业教育校企合作产教融合的主体责任，把职业教育纳入区域发展规划，并且以规划为指导，梳理产业结构及产业升级趋势。在规划指导下特别是紧紧围绕有关经济社会发展前瞻性行业，论证提升职业教育专业设置和调整，并形成政策规范。

1. 以政府产业政策指导专业设置及调整

一是在专业建设上突出对区域相关产业人才培养，支撑区域支柱产业的转型升级；二是在专业建设上突出产业发展急需人才培养，突出高技术产业、现代服务业、生态产业、旅游产业等人才培养；三是在专业建设上突出社会事业人才培养，重点提供社会事业发展急需各类服务业人才如各类社区管理服务人才等。通过政府宏观政策引导合理建设和调整职业教育专业设置，并甄选特色鲜明、规模大型、运作规范的企业或者社区作为合作企业或者合作实习基地，提高职业人才实践能力。

2. 以政府产业政策引导产教融合体制机制创新

完善区域政策或者完善区域立法，界定约束政府、学校、行业协会、企业、学生在校企合作教育中的权利和责任。在这一法律或者政策框架内，建立校企合作办学的体系、制

① 孙翠香．新时代的新使命："产教融合"政策分析 [J]. 教育与职业，2018（18）：11-17.

度和章程等。完善政府主导、行业协调、校企共同实施的校企合作运行机制。健全激励约束机制，从法律、政策和制度层面推动校企合作的深入发展。

3. 政府发挥财政税收政策的调控功能

通过财政转移或者税费管控引导并鼓励企业参与职业人才培养。比如，进行人均企业实训补偿机制、校企双方共用设备资源政府购买等。再比如，企业教育费附加返还专项专款用于企业职业教育等。企业在产教融合培养技能技术型人才中既能得到产业发展所需的应用人力资源，又能在产教融合中得到经济利益，调动参与动力，实现经济效益与社会效益的双赢，提高企业价值。

（二）协作主体（行业组织）职能与政策

行业协会相对独立于政府和市场，是能够真正反映企业利益诉求的社会中介组织。行业协会是政府部分职能承担者和实施者，行业协会参与职业教育的管理和决策、产教融合规划制定及统筹协调，是政府转变职能以及完善社会治理体系的必然要求。它是协调行业内企业关系的业务中介，要保证组织发育好、功能完善好。行业组织职能的完善和回归是当前行业协会发挥产教融合功能的基础。政府根据职能转变的总体规划，让渡行业内部管理监督以及信息沟通、技术交流、服务和产品标准鉴定等职能，确保行业协会在密切校企产教融合培养人才中的职能作用。

（三）拓展产教融合的创新政策

校企合作产教融合是职业教育人才培养的基本办学模式，在实际的运作过程中，必须根据职业教育发展实际和产业发展状况，创新产教融合新模式，制定符合职业教育人才培养实际的政策办法。

1. 区块产教融合模式或者主题经济产教融合模式的政策

主题经济区是随着各地经济技术开发区应运而生的经济发展格局，是区域特色。因此，校企合作要建立与区块经济相适应的合作机制。这种形式的机制，就是学校要在经济技术园区设立工作站，或者建设职业教育产业园区，主要是双向信息的互通互联，可以实现点对面的放大效应。职业学院可以与园区共建人才培养基地、设立人力资源市场、搭建校企资源共享和交易平台等。这一机制是对校企合作机构职能的拓展和延伸，为校企合作提供了广阔和便捷的平台。

2. 专业群与产业群合作机制及政策

产业群关联度较高，各产业的操作流程、关键岗位技术能力需求相似，对职业人才专业要求具有一致性。因此，进行产业群与专业群合作机制研究，出台相关的政策支持，可以促进产教融合的深度发展，提高技术技能型人才培养的质量。要加强政策支持和引导，促进校企融合发展。研究区块经济的专业技术需求结构，作为专业建设的区域经济特色依据，适时调整完善职业院校专业设置。

四、建构产教融合动力机制系统，促进产教融合深度发展

建构产教融合动力机制系统，基本的考虑是如何从校企合作动力的角度，分析现状的深层原因，探索增强合作动力的基本机制措施。提出职业教育产教融合动力机制系统的概念，运用系统论的基本理论，设定了在校企合作产教融合大系统中包含两个子系统，即：内生动力机制系统、外部动力机制系统，与之联系的是内生动力、外部动力。内生动力机制包括提升校企异质性资源的质量、搭建校企异质性资源交换便捷路径；外部动力机制主要包括管理主体、实施主体、协作主体三类职业教育相关者的机制和政策；最后，从发展趋势的角度，注重政策创新和机制创新，推进产教融合发展，提高技术技能型人才的培养质量。

第六节　产教融合的实训基地建设及其运行机制

为了持续推进现代职业教育的发展，各大职业院校必须对原有的教育目标及教育模式进行深化改革。在这种情形下，产教融合实训基地的建设为职业院校培养应用型和技术型人才提供了重要的物质保障。本节对产教融合的实训基地建设的意义和作用、产教融合实训基地建设中面临的困境及产教融合实训基地模式等进行了探索分析。

国务院所颁发的《国家中长期教育改革和发展规划纲要》明确指出：“以服务为宗旨，以就业为导向，推进教育教学改革实行工学结合、校企合作、顶岗实习的人才培养模式。”各大职业院校必须对原有的教育模式进行相应的改革与创新，努力探索学校与企业合作的模式开展教学。在这种教学理念下，产教融合型的实训基地是非常重要的载体与平台之一。基于此，本节将对产教融合的实训基地的建设运行机制进行深入的研究和探讨。

现阶段，随着我国社会经济的不断发展，经济生产方式和产业结构不断调整与升级。为了顺应时代发展的需要，人才方面已经转向应用型、技术型和创新型人才需求。同时，我国自十八大和十八届三中全会以来，已经提出了要加快对我国现代职业教育体系的建设，从而推动高等职业教育全方位发展的教育理念。为了能够尽快构建现代化的职业教育体系，必须对职业院校的教育方式进行深化改革，持续推进产教融合、校企合作办学等方式以实现这一目标。

产教融合主要指充分结合每个地方实际的经济发展要求，对中等及高等职业院校的专业设置进行科学合理的调整，严格遵循社会产业的需求对教学目标、教学计划和教学纲要等进行调整，从而将产业实践教学与学校的理论教学紧密结合，在现代职业教育过程中充分发挥企业的作用，实现学校与企业两者完美融合的状态。在产教融合的背景下，学校将转化为一个产业性的经营管理实体，其可以承担起人才培养、科学研究等多项职能，为我

国产业的持续发展贡献出一份力量。

一、产教融合实训基地建设的意义和作用

（一）对于学校提高其办学水平和教学质量起到积极的作用

高等职业教育与普通高等教育最大的区别在于其职业教育的特性。职业教育的最大特点是其严格遵循以培养学生的职业综合素质和职业技能为教育目标。所以，在课程设置过程中，课程的教学内容要和职业教学目标、教学过程和生产过程等相吻合，保持良好的衔接性。因此，高职院校必须加强与企业的沟通与合作，并且借助企业真实的职业环境、实际的生产任务等作为标准，营造良好的企业文化和工作氛围，从而搭建起集教育、学习、研究及生产于一体的综合性的校内实训基地，努力实现职业教学和实训基地与企业相融合的教学目标。

（二）对于进一步推进产教融合起到积极的作用

高职院校想要获得长远、健康的可持续发展，校企合作和产教融合等新型的教学模式是其必然经历的途径和道路。因此，产教融合型实训基地的建设将会对进一步推进产教融合起到积极的作用。建设产教融合的实训基地，不能仅仅停留在表面理论上，要有真正的企业参与到该实训基地建设中，从而为实训基地的生产性和职业环境等提供有力的支撑与保障[①]。企业和学校可以从企业的员工担任实践教师、根据企业的实际需求设置科学合理的专业、根据企业的实际需求培养人才、产品的研发等方面进行全方位的合作，从而实现学校与企业双赢发展的局面。

（三）有利于打造一支高水平高质量的专兼相结合的师资力量

在推进产教融合的实训基地建设过程中，充分引用企业内部一批具有专业技术能力的工程人员是重要的环节之一。这部分工程技术人员拥有丰富的工作经验和优秀的实践能力水平。让这部分具有专业技术能力和实践能力的技术人员担任学生的实践教学导师，将会对学生实践能力、职业素养等方面的有效提升起着非常关键的作用；产教融合型实训基地的建设为学校专业教师的研究提供了重要的载体与平台，对于教师在生产过程中进行研究、实践等起到了积极的作用，有利于为学校打造一支具有较高业务能力水平的专兼职师资队伍，从而提高职业院校整体的教学质量，实现职业院校长久、健康发展。

二、当前产教融合实训基地建设中面临的困境分析

当前，在建设产教融合实训基地的过程中面临一定的困难和挑战，例如基础薄弱、资金和人力投入相对不足、学校的师资力量薄弱等问题，具体体现在以下几个方面。

---

① 成倩．贵州省高职院校产教融合人才培养模式研究 [D]．贵州：贵州师范大学，2017.

（一）企业合作意向不高，积极性不够

产教融合的实训基地构建需要学校和企业两方面的共同努力，并且两者需要不断磨合才能够达到默契。但是，在行业内部，部分基础相对薄弱的专业在获得行业的认可度方面较为困难，这将给推进实训基地的建设带来较大的难度。一般情况下，学校与企业合作的仪式往往流于表面，表面盛大隆重，但是推行起来效果却不尽如人意。另外，由学校和企业联合办学，如果企业无法从中获得一定的利益，企业就会处于被动的状态且反应较为冷淡。

（二）教师缺乏主动性和积极性

部分冷门专业的教师一般都是从学校毕业后就从事教学工作，缺乏相关专业的实践经验，相对于其他热门或者优势专业的教师而言，导致其参加相关师资进修培训的机会较少，教师会更加习惯于课堂理论教学，片面认为理论课是最关键的，忽略或者不重视实践教学的重要性，缺乏实践教学的积极性和主动性。

（三）实训教材缺乏，实训内容较为单一

一方面，当前，在实训教学方面普遍存在教材空缺的状态，大部分教材仍然沿用以往基于工作传统过程的项目教学法，这种教材与当前实践教学存在较大差异。另一方面，实训的内容普遍存在枯燥、单一的情况。部分企业在实训的时候不按照合作协议约定的实训内容进行教学，学生的实训内容枯燥乏味，真正专业技能培训的机会较少。

三、产教融合实训基地的建设及运行机制的研究

（一）产教融合实训基地建设的主要模式分析

产教融合实训基地建设的模式主要包括校办企业、引企入校、厂中建校及职教集团等四种模式。

校办企业模式主要指学校充分利用学校的机器设备、师资力量等条件自主办企业。职业院校通过校办企业的模式，一方面为学生的实训教学提供了便利，另一方面对外承包生产任务等，获得的效益可以用于科学研究等活动，从而实现教学、生产经营和科学研究融三者于一体的教学基地。但是，该模式存在的主要缺陷是需要丰富的管理经验、大量的机器设备和资金的投入等，并且高职院校还需要独自承担生产经营面临的风险和问题，所以，校办企业的难度相对来说较大。

引企入校的模式主要是指通过学校与行业内的知名企业等达成合作协议，共同建设校内实训基地。一般情况下的分工方案是，学校提供场地并建造厂房、提供水电等基础设施，企业则负责设备的采购及后续的生产经营活动。学校和企业共同合作建设实训基地，其实本质上是属于学校与企业之间的一种深度合作模式。通过共建校内实训基地，在产品开发、人才需求、岗位培训、实习培训和就业推荐等方面达成合作协议。

厂中建校的模式主要是指学校与企业进行合作，将企业转化为学校的校外实训基地。现阶段，在高职院校实训基地建设的整个体系中，这种校外实训基地是最重要的组成内容，它可以被认为是校内实训基地的补充和延伸。换言之，校外实训基地是依托企业建设的，并且学生通过校外实训基地可以享受企业员工同等的待遇，具有生产和培训的机会，让学生在真实的生产环境中掌握专业技能，培养职业道德素质。

职教集团模式主要指以政府或者教育主管部门发起并引导，同一个产业或者相同区域内的各大职业院校与企业联合建设产教融合式的实训基地。这种模式最大的优势在于可以实现资源共享、共同办学，且同一区域内相同类型的学校可以实现共同进步。

（二）产教融合实训基地模式的相同点分析

上述四种产教融合实训基地模式在教学目标、功能、项目设置及教学管理及评价等方面具有一定的相似之处。第一，教学目标方面，四种产教融合的实训基地模式均是为了培养高端技能且具有较好职业素养的应用型人才。高等职业教育最明显的特点是其具有非常鲜明的教育目标，具有非常强的实践性和职业性。四种实训基地的教学目标相同，旨在帮助学生培养专业技能和职业素养，与实际工作紧密相结合，突出高职院校的针对性和灵活性。第二，实训基地的功能相同。四种实训基地的主要功能均是为学生提供实践培训及实现生产经营活动。第三，实训项目和内容的设置相同。由于四种实训基地模式均是为了实现实践和生产的功能，因此在项目设置上均是将真实的生产岗位作为实训的项目。学生通过真实的生产过程，真正提高其职业技能，提高职业素养。

（三）四种产教融合实训基地的不同之处

显然四种产教融合的实训基地模式肯定有着不同之处，其具体体现在主导权、管理模式、基地规模和适应范围等方面。第一，主导权方面。校办企业模式，学校占据绝对的主导权，反之，厂中建校模式则企业有着主导权；职教集团模式则是由多家企业和多家职业院校联合起来办学的，在此过程中，政府起着牵头和指引的作用，所以政府占据着主导权。第二，管理方面。校办企业模式下的实训基地学校具有完全自主的管理权。校企共建模式下的实训基地管理由学校和企业联合进行管理，但是大部分以学校管理为主；厂中建校模式是由学校和企业共同管理的，但是这种模式下却以企业的管理为主；职教集团模式下的实训基地由政府或者相关部门、企业和学校共同实行管理，但是以学校管理为主。第三，基地规模方面。校办企业模式下的实训基地是由学校完全进行投资生产的，由于受到资金及人力等方面的限制，往往规模较小；引企入校模式下的实训基地是由学校和企业共同投资建立的，虽然其生产设备与企业的完全相同，但是规模相对来说不是很大；厂中校模式下的实训基地跟真实的企业并无区别，因此规模较大；职教集团模式下的实训基地由于参与建设的企业和学校较多，并且有政府的大力支持，资金和人力相对较为充足，因此一般情况下规模较大。第四，适应范围方面。由于校办企业的实训基地一般是为了学校几个技术力量较为雄厚的专业而建的，因此其适应范围较为狭窄；引企入校的实训基地实际上只是一条生产线或者一个车间，因此适应范围只能是针对一个专业；厂中校模式下的实训基地由于可以选择的企业类型并无约束，可以为职业院校的所有专业服务，因此适应面较为广阔；职教集团模式下的实训基地由于是多个学校和企业共同参与，多个学校和企业之间可以建立优势互补的关系，能够覆盖到大部分专业群[①]。

（四）产教融合实训基地建设的总体思路

学校可以根据自己的实际情况，选择合适的实训基地模式。一方面，校内实训基地建设时可以采取因地制宜的方式和不同的经营方式。学校在考虑建设产教融合的校内实训基地时，即可以采取校内办企的模式，由学校创办，并且安排专业的管理团队对企业实施管理职能，安排相关员工对于企业的日常事务进行处理。课余时间，学生转换身份，以员工的身份进入企业进行生产和工作。除此之外，还可以采取引企入校的方式，由学校提供厂房并负责管理，企业提供机器设备、计算机系统和先进生产技术等，在校园里实现真实的生产经营，从而帮助学生真正提高专业技能。另一方面，针对校内实训基地机器设备投入不足和规模不够等问题，可以采取厂校和职教集团两种校外实训基地模式，弥补校内实训基地的不足。

产教融合实训基地的建设为培养技术型、应用型的人才提供了最关键的保障，是能够实现学校教学与企业人才实际需求相互对接的重要平台和载体，并且为学校的实践教学提供了重要的场所，是学校和企业共同研发实践专业课程和开发教学资源的前提。所以，不管是学校还是企业，都应该提高对产较融合实训基地建设的重视程度，采取积极有效的方式和途径解决当前实训基地构建过程中遇到的困难和难题，为推进高职院校的教育改革而努力。

① 任皓，张梅．“互联网＋”背景下西部旅游产业生态圈建设研究 [J]. 生态经济，2017（6）：110-114.

第二章　产教融合的创新研究

第一节　产教融合2.0时代地方高校的课程建设

产教融合 2.0 时代，得课程者得未来。地方高校要努力实现教师素养、教学方式、教学管理等教育供给端要素的转型升级，优化课程设计和供给。教师要走出书房，在根植地方中感知社会和市场的需要，将丰富深厚的地方文化资源转化为鲜活生动的教学资源。深化教学改革，充分利用地方自然生态、民俗文化、红色文化以及地方文学和人才资源，构建教学和学习的新形态，将教学空间拓展校园之外，把地方文化资源引入课堂。学生在接受鲜活有用、富有个性的课程供给中，收获有增量的学习效果。要让社会力量参与到课程建设和课程评价中来，真正实现协同育人、共建共享的产教融合。

产教融合和课程建设在近五年教育研究领域备受关注，分别以“产教融合”和“课程建设”为主题词检索中国知网文献可见一斑，“产教融合”文献由 2012 年的 4 篇增加到 2017 年的 919 篇，“课程建设”文献 2011 年就超过千篇，2017 年达到 1181 篇。但是，产教融合视域下课程建设的有关研究仍十分薄弱。2017 年底《意见》重磅发布，将产教融合上升为国家层面教育改革和人才培养的战略布局和制度安排。《意见》宣告了产教融合从初级阶段迈向新的阶段，“采用更先进的技术手段筑造产教深度融合的未来大学。这标志着产教融合 2.0 时代的到来。”从现有文献看，产教融合 2.0 时代地方高校课程建设研究尚无人涉足。事实上，产教融合从创新实践走向制度落地，必然催生教育形态发生重要变革。对地方高校来说，加强产教融合 2.0 时代课程建设的研究和实践，不断丰富和优化课程资源供给刻不容缓。

一、产教融合2.0呼唤教育供给端的转型升级

广义的产教融合是指经济产业与教育的融合，其实质内涵是“产”“教”共同介入，通过“产”与“教”的关联性，实现协同育人、合作共赢。《意见》明确指出：“支持引导企业深度参与职业学校、高等学校教育教学改革，多种形式参与学校专业规划、教材开发、课程设计、实习实训，促进企业需求融入人才培养环节。”实现产教深度融合，激活其内生动力，将从本质上推动地方高校转型发展，履行高等教育社会职责，向社会输送经济产

业和社会发展所需要的高素质应用型人才。

协同育人是“产”与“教”的核心关联和共同目的。地方高校要实现这个目的，必须破解教育供给侧改革难题。地方高校教育供结侧的核心内容是扩大优质教育资源供给，特别是优质的课程资源，为广大学生提供更多更好、满足个性需求的学习选择。一方面要提高课程供给的质量，使课程更贴近学生的成才需求和学习习惯，既符合现实又能对标未来；另一方面以丰富多元优质的教育供给结构，替代单一的培养模式、陈旧的课程资源、程式化的教学过程和教条化的考核评价供给结构。这就迫切需要地方高校实现教育供给端诸要素的转型升级，以高效、精准、优质的教育供给，实现“产”与“教”的实质融合和深度融合。

首先，教师素养要转型升级。教师要突破自己的路径依赖，改变以往传统的学习方法、教学模式和学术追求，要将“实践应用”的观念镶嵌在个人的教育观念、价值判断和教学实践中，重构体现新时代精神和社会发展要求的新教学观、新人才观、新质量观和新学术观。在传统教学实践中，教师的工作阵地主要是书房和教室。在产教融合 2.0 时代，书房和教室已远远不能满足应用型师资的成长需要和工作需要。教师走出书房，融入火热的现实生活，扎根深厚的地方文化，弄清楚“地方文化资源有什么？”“哪些文化资源能为我所用？”“服务地方文化建设与应用型人才培养如何衔接？”等现实问题，才可能改善原有的僵化单一、缺乏个性、脱离实际的课程供给，进而为学生提供鲜活有用、富有个性、有知识增量的课程供给。

其次，教学方式要转型升级。教师要把备课的视野拓展到校园之外，把鲜活的生活引进课堂。通过引入地方特色的文化资源、文学资源、文物资源、自然资源以及地方文化名人的成长经历、成功经验等人文资源，更新教学内容，开展有视野宽度、有内容厚度、有情怀温度的课堂教学；同时，充分利用地方物态文化资源，扩大教育教学和人才培养的实践空间，学生在“真实”的场景、“身边”的原型、“耳熟”的唱腔，以及“寻访”名人行迹、“触摸”文物遗存等现实体验、真切感受中，消解专业理论知识学习中的“时空隔离感”，加深对专业知识、学科规律的领悟把握，使学生收获有增量的学习效果。富有生机和活力的教学供给，才能适应产教融合 2.0 版本的时代要求。

最后，教学管理要转型升级。产教融合 2.0 时代，地方高校必须摈弃“学院派”思维和同质化教育，强化优化课程设计与供给，以学生适应社会所需要的核心素养和能力结构来设置课程内容，构建课程体系[①]。课程的知识联结和结构形式，对接学生的素养内需和能力目标。积极主动将专业设置与地方就经济产业需求对接、教学内容要与行业职业标准对接、课程结构体系与应用型人才素质对接、人才培养模式与产业工作逻辑和流程对接，努力实现课程与专业的契合、专业与市场的契合、能力与岗位的契合、考核评价与培养规格的契合，把深度产教融合升华为学校发展的内生动力，才能实现和共享协同育人的可持续发展。

① 吕健．构建校企合作共赢生态系统的研究 [J]. 漯河职业技术学院学报，2013（5）：88-92.

二、课程建设是地方高校转型发展的“牛鼻子”

教育的最大供给是课程。随着社会经济发展和地方高校转型向纵深迈进，课程建设成为产教融合的生命线，成为高校转型发展的“牛鼻子”。学生的知识不是教师“讲”会的，主要是学生“学”会的，学生能力培养关键不是教师“说”而是学生“练”。大学生接受教育和培养的主阵地是课堂讲学，地方高校教育的最终效果取决于直接面对学生的课程建设和教学实践的成效，因此不断加强和优化课程供给，是当前提高教育教学质量和人才培养质量的核心环节，对学校转型发展和产教融合至关重要。所以，课程建设引起国内外专家的共同关注，2015 年联合国家科文组织国际教育局发布《处于争论和教育改革中的课程问题——为 21 世纪的课程议题做准备》，聚焦 21 世纪的课程发展和建设。2015 年 1 月，在教育部指导下，应用型课程建设联盟正式成立，该联盟提出如下宗旨：“在专家团队指导下，以市场需求为导向，将符合本校本地区实际的应用型教育理念转化为具体实践，引领更多的校长了解课程建设的规律，带动更多的教师掌握课程建设的方法，使得更多的学生享受课程建设的快乐。”2016 年 4 月 27 日，该联盟与教育部学校规划建设发展中心合作建立课程建设研究院，标志着我国高等教育课程建设，已经由外在驱动走向内生自觉。

在产教融合不断深入的当下，地方高校课程建设在四个方面“跟不上”现实需求。

（1）教学方法单一，跟不上多元学习的需求。学习途径和学习方式多元化已成为普遍存在的现实，但是因为技术、硬件、管理、服务等原因，大学教学活动仍旧是以教师课堂讲授为主，无法满足学生多元学习需求。

（2）教学内容陈旧，跟不上社会发展的需求。大学教材具有滞后性，而社会经济发展日新月异，新理论、新理念、新材料、新技术、新方法、新标准层出不穷，传统落后的知识教育跟不上经济社会飞速发展的现实需求。

（3）教学管理僵化，跟不上教学创新的需求。教学常规管理需要统一的规范和标准，但是产教融合 2.0 时代的教学创新和学习变革往往是颠覆性的，传统的教学规范和考核评价跟不上教学创新和学习变革的管理需求。

（4）教师重学轻做，跟不上实践训练的需求。高校教师大都具有研究型学术背景和成长经历，普遍缺乏工程实训和工作实践的经验，管理激励也往往重视学术导向，造成教师重学术轻实践的倾向，这种素质现状跟不上实践能力培养的指导需求。

产教融合 2.0 时代地方高校的主要矛盾，是学生日益增长的学习需求和成长需求与我们落后的教育供给之间的矛盾。搞好课程建设及其相关的教学、学习和管理等供给要素的改革创新，将是解决这一主要矛盾的关键。课程建设不是一项工作任务，而是一个系统工程，需要用“革命”的魄力来解决。

三、植根地方文化厚土，挖掘课程建设资源

地方高校的生命在“地方”。致力于地方丰富资源的研究和开发利用，是地方高校履行大学职能的应有之义，也是地方高校推动产教融合的必由之路。地方文化资源，是地方高校教育供给端相关要素转型升级不能忽视的珍贵资源。开发整理和利用地方文化资源，创新丰富课程供给，能引导学生大学生领会地方文化的审美价值和道德意义，培养大学生热爱地方文化、民族文化进而爱乡土爱国家的美好情操，激发大学生建设家乡、献身祖国的雄心壮志。在产教融合 2.0 时代，地方高校只有根植地方，接通地气，促进供给侧诸要素转型升级，才能满足不断变化升级的教学需求。这里结合商洛某学校中文学科教学改革实践，对地方高校利用地方文化资源深化产教融合、优化课程供给提出粗浅思考。

首先，深入挖掘地方文学、民间文艺、民俗文化、方言语料等人文资源，丰富课堂教学内容。20 世纪 90 年代出现了轰动中国文坛的“陕军东征”现象，陕军东征五位作家中的贾平凹和京夫都是商洛籍，商洛形成以中国作协副主席、陕西省作协主席贾平凹为核心的商洛作家群；商洛是中国“戏剧之乡”，有《六斤县长》《屠夫状元》《月亮光光》《带灯》《迟开的玫瑰》等优质的戏剧资源；商洛处于秦楚文化交融地带，民俗文化、方言语料、历史文献等资源十分丰富。充分利用以贾平凹为核心的地方文学资源、商洛民俗文化为重点的地域文化资源、商洛花鼓戏为代表的地方文艺资源、陕南方言语料为重点的地方语言资源和基于商於古道的历史文献资源，开展学术研究，更新教学内容，开设系列校本课程，增强学生学习专业知识的亲近感、现场感，消除大学生学习专业课教材的“时空隔离感”，激发学习兴趣，培养学生热爱和传承优秀地方文化的情感志向和实践能力。

其次，充分利用商於古道、革命遗址、贾平凹老宅、“美丽乡村”建设示范村等物态文化及自然生态资源，创新传统教学，强化实践教学，促进学习变革，提高学生思想品德修养和实践动手能力。商於古道积淀了丰富的文化资源，有商鞅封邑古城、四皓隐居商山等历史遗存，有贾平凹等一批著名作家的故居、童年伙伴以及文学作品中的人物原型、地理原型等珍贵资源。商洛山区的“美丽乡村”建设，不仅展示了现代中国的改革成就和乡村风貌，也保护了当地民众的生活风情和文化乡愁，涵养着优秀传统文化的根系。特别是，在商洛革命老区这片红色土地上，至今留存着包括商州北宽坪李先念革命遗址、商南县白鲁础苏维埃政府旧址、鄂陕边区苏维埃政府遗址等 30 余处革命遗址，这些红色遗迹既是商洛革命老区的历史见证，又是架设在历史与现实之间的一座桥梁，成为商洛地方高校开展革命传统教育、缅怀革命先烈的红色资源。正如习近平总书记所强调：“优秀传统文化是一个国家、一个民族传承和发展的根脉，如果丢掉了，就割断了精神命脉。”“努力实现传统文化的创造性转化、创新性发展，使之与现实文化相融相通，共同服务以文化人的时代任务。”通过组织学生对地方文化资源的实地考察，扩大教学空间，强化实践体验，引导大学生正确了解国情民情、认识社会人生，接受优秀传统文化教育、传承红色文化基因，

在实践体悟中砥砺品行。

最后，充分利用商洛作家群人才资源优势，优化师资队伍结构，提高师资整体水平。商洛作家群中有贾平凹、方英文、陈彦、孙见喜等全国著名作家，还有省作协签约作家诗人南书堂、散文作家李育善、小说作家芦芙荭、陈敏、姚家明等成果斐然的作家队伍，他们既有文学理论水平又有创作实践经验，聘请这些作家充实教学队伍，优化师资结构，组建文学创作教学团队和实践指导团队，就能带动更多师生参与文学创作实践，不断提高学生语言文字表达能力和文学理论实践应用能力①。

产教融合 2.0 时代，得课程者得未来。抓住课程建设这个“牛鼻子”，必须实现供给端诸要素的转型升级，优化课程设计和供给。教师要走出书房、接通底气，在根植地方中感知社会、市场的需要。重构教学和学习新形态，将教学空间拓展校园之外，把地方文化引入课堂之内。要让社会力量参与到课程建设和课程评价中来，真正实现协同育人、共建共享的产教融合。课堂教学的转型是产教融合的关键之处，也是广大教师精准发力的用武之地，一流应用型本科院校建设，有赖于每一位教师在课程建设和教学实践中做出实实在在、掷地有声的贡献。

第二节　新时代的新使命：“产教融合”政策

新时代解决教育与产业“错位”的问题，迫切需要国家层面的顶层设计，《意见》的出台具有深远意义。该政策的亮点颇多：基于解决整个教育系统与产业系统“错位”问题的立场及立意前所未有；强化了企业的重要主体作用，直面“校热企冷”这一现实问题；完善了“产教融合”的顶层设计，明确了“四位一体”产教融合体系架构；明确了“四位一体”产教融合体系架构的实现机制即重点推进、协同实现。在贯彻落实时，需要考量如下方面：产教融合配套执行政策如何凸显新时代的“新”意蕴；如何凸显省域特色及形成产教融合政策生态系统；如何“协同推进”产教融合政策。

“产教融合、校企合作”是党和国家近年来为促进职业教育体制机制改革和人才培养模式改革所反复强调并一贯坚持的原则和制度安排。2013 年出台的《中共中央关于全面深化改革若干重大问题的决定》最早提出了产教融合，“加快现代职业教育体系建设，深化产教融合、校企合作，培养高素质劳动者和技能型人才”。2014 年，习近平总书记在关于加快现代职业教育发展的指示中再次强调坚持产教融合，“要牢牢把握服务发展、促进就业的办学方向，深化体制机制改革，创新各层次各类型职业教育模式，坚持产教融合、校企合作，坚持工学结合、知行合一，引导社会各界特别是行业企业积极支持职业教育，努力建设中国特色职业教育体系”。党的十九大报告针对职业教育重申，“完善职业教育和

① 王万川，邓光，顾云鹏.新时代高职教育与产业深度融合的实践路径研究[J].当代职业教育，2018（2）：42-46.

培训体系，深化产教融合、校企合作”。可以说，“深化产教融合、校企合作”是党中央、国务院关于教育和人才改革发展的重大决策部署，产教融合被国家摆在特别突出的战略地位，并不断被赋予新的使命和时代内涵。

一、“产教融合”：新时代解决教育与产业“错位”问题的迫切需求

党的十八大以来，关于“产教融合、校企合作”的政策体系日益丰富，已初步形成了一系列相互配套、由多部门联动的政策体系。整体来看，日益注重多部门联合制定与颁布、兼顾政策之间的配套性，是党的十八大以来关于“产教融合、校企合作”系列政策的突出特点。2014 年颁布的《国务院关于加快发展现代职业教育的决定》确立了“加快现代职业教育体系建设，深化产教融合、校企合作，培养数以亿计的高素质劳动者和技术技能人才”的战略任务。为贯彻落实这一战略任务，教育部联合多部委共同颁布了一系列配套政策，其中，2014 年 6 月，教育部等六部门共同发布了《现代职业教育体系建设规划（2014—2020 年）》，提出以“产教融合、校企合作体制的基本建立”为体系建设目标之一，以“坚持产教融合发展”为体系建设坚持的基本原则，“以产教融合为主线，建立各级政府、行业、学校和社会各方面共同参与的制度创新平台”作为体系建设的制度保障和机制创新。2016 年 5 月，教育部等七部门联合颁布了《职业学校教师企业实践》；2016 年 10 月，交通运输部与教育部联合颁布了《关于加快发展现代交通运输职业教育的若干意见》；2016 年 12 月，教育部等三部委联合颁布了《制造业人才发展规划指南》，这些政策均要求充分发挥行业和企业的作用，在产教融合、校企合作的机制和措施上实现突破和创新。因此，客观上讲，上述一系列政策对于切实提高职业教育发展过程中的行业指导和企业参与、形成产教协同发展和校企合作育人的格局、加强技术技能型人才培养等具有重要意义和价值。

上述一系列产教融合政策取得了令人鼓舞的政策效果。首先，我国行业指导职业教育的组织机构日益壮大，并成为行业指导职业教育发展的有力载体和平台。目前国家已调整重组了 56 个行业指导委员会，已基本涵盖我国经济各行业门类，如安全职业教育教学指导委员会、财政职业教育教学指导委员会、电力职业教育教学指导委员会、船舶工业职业教育教学指导委员会、纺织服装职业教育教学指导委员会、公安职业教育教学指导委员会等。这些行业指导委员会先后发起并开展了近百次“职业教育与产业对话活动”，仅 2017 年就举办了具有一定规模和影响的各类活动 25 场次，2018 年计划举办“2018 年旅游职业教育与产业对话活动”等 18 项活动，为“教育”与“产业”，特别是职业院校与行业（企业）的合作搭建了交流平台，有效地促进了产教融合、校企合作相关政策的制定和颁布，极大地推动了职业院校办学与人才培养实践改革进程。其次，作为职业教育产教融合、校企合作重要形式之一的“职业教育集团化办学”，近年来成绩斐然。根据教育部 2018 年 2 月公布的数据，“全国组建 1400 多个职教集团，覆盖了 90% 的高职和 70% 的中职学校，吸引了约 3 万家企业参与”。2016 年，全国有 163 个单位通过教育部审核并开展现代学徒制试点，

其中试点地区（含单列市）有 17 个、试点企业有 8 家、试点高职院校 100 所、试点中职学校 27 所、行业试点牵头单位 11 家；职业院校普遍建立了订单培养、厂中校、校中厂等校企合作制度等。可以说，产教融合、校企合作已成为提高技术技能型人才培养质量和职业院校办学质量的重要原则，对于推进我国人力资源供给侧结构性改革起到了重要作用。

尽管形势令人鼓舞，但不容忽视的是，推进产教融合、校企合作仍面临重重困境和挑战：一是目前产教融合、校企合作仍处于较浅层次，"学校热、企业冷"、校企合作程度不高、企业缺乏主动性和积极性，"政府主导型"校企合作难以突破合作瓶颈、难以激发行业和企业内生动力等问题日益凸显，这些问题的解决都亟待从法律及制度、体制与机制、多部门协同和合作等角度来实现突破。二是我国经济社会正进入新时代，新时代产教融合面临新挑战，需要赋予产教融合以新的内涵和使命。我国经济发展进入新常态，需要在不断优化经济结构的基础上实现经济高速可持续发展；中国制造也正面临从"制造业大国"向"制造业强国"、从"中国制造"向"中国创造"的转变过程；全球范围内新技术革命和产业革命、产业竞争格局都在影响我国的经济发展和制造业的发展，因此，亟待加快培养大批适应新技术、新产业、新业态的技术技能型人才[①]。新时代的战略任务对"产教融合"提出了新挑战，并赋予了"产教融合"新的使命和责任。三是从宏观层面上看，教育与产业两大系统的良性互动机制尚未形成，产业人才需求类型和质量与教育系统人才培养与供给之间出现"错位"，大学生"就业难"已成为日益严重的社会难题，高层次技术技能型人才与技师求人倍率居高不下，教育系统的人才"供给"与产业系统的人才"需求"之间的结构性矛盾日益凸显，因此，需要从整体上解决教育系统与产业系统的"错位"与不适应问题。

在上述背景下，国务院办公厅于 2017 年 12 月印发了《意见》。这是党的十九大之后由国务院印发的旨在推动教育综合改革的政策，既是贯彻落实党的十九大关于"教育优先发展"的明确而具体的实施意见，也是首次以国务院办公厅名义发布的关于"产教融合"的专门政策，其意义和影响深远。

二、"产教融合"政策分析：新亮点与新举措

为了解决新时代"产教融合"面临的新问题，《意见》从立意、内容架构、实现机制等方面均呈现出"新意"与新特点。

（1）基于解决整个教育系统与产业系统"错位"问题的立场及立意前所未有。从立意上看，《意见》不再局限于解决职教领域的人才培养与人才供给问题，而是定位于解决整个教育系统与产业系统的"错位"问题。这种"错位"典型地表现为"人才培养供给侧和产业需求侧在结构、质量、水平上还不能完全适应，'两张皮'问题仍然存在"。可以说，连续多年被"大学生就业难"与高层次"技术技能型人才短缺"困扰的中国教育界与产业界，迫切需要从国家层面加强顶层设计，从整体上解决产业界人才需求与教育界人才培养

① 周梦黎，郭朝晖，陈黄梅，殷晓均．大学生创业的困境与对策研究：基于"生态圈"理论的视角［J］．湖北广播电视大学学报，2016（3）：35-38.

及供给问题，也迫切需要通过产教融合来促进“教育链”与“产业链”的全面对接。基于此，在指导思想上，《意见》坚持“发挥企业重要主体作用，促进人才培养供给侧和产业需求侧结构要素全方位融合”。也就是说，《意见》从整体、系统、全局、同步的角度统筹规划“教育”与“产业”两大系统的融合发展，一方面，从国家层面将“产教融合”作为经济社会发展规划和设计的必然要求，这是打破教育和产业之间原有的界限与壁垒、将原本封闭的教育与产业发展协同起来的国家顶层设计，也是将“产教融合”从职业教育领域拓展到以职业教育、高等教育为重点的整个教育系统，将“产教融合”上升为国家教育改革与发展以及国家人力资源开发的整体性制度安排，对我国经济社会发展具有重大的战略意义；另一方面，还提出将“产教融合”思想贯穿于包括基础教育、职业教育和高等教育等在内的不同阶段、不同类型教育，从强化基础教育领域融入工匠精神培育（职业启蒙教育）到强调统筹职业教育与区域发展布局，再到促进高等教育融入国家创新体系和新型城镇化建设。《意见》将“产教融合”思想全面扩展为整个教育领域的思想，这是之前关于“产教融合”的相关政策中从未有过的。因此，从这一意义上讲，《意见》已不单指向职业教育发展，而是面向整个教育系统；“产教融合”已上升为我国的一项基本制度，产教融合的办学模式、人才培养模式及理念等已成为我国教育理论体系及教育改革的重要思想和内容。

（2）强化企业重要主体作用，直面“校热企冷”这一现实问题。教育政策要以关注和解决公共教育问题作为政策制定的逻辑起点和根本取向。《意见》直面产教融合、校企合作中的“校热企冷”问题，强化企业作为学校办学及人才培养的重要主体作用，对于解决产教融合、校企合作中的企业缺乏积极性等瓶颈问题具有重要价值。发挥企业的重要主体作用，既涉及宏观层面的教育整体布局和教育体系结构问题，又涉及中观层面的教育组织形态变革及教育公共产品供给的数量和质量问题，还涉及微观层面的学校办学主体多元化及人才培养过程质量问题。因此，从这一意义上说，《意见》强化了企业的重要主体作用，是对现代办学体制和教育治理体系的一项制度创新。一直以来，企业在参与学校办学及人才培养的过程中存在诸多问题：企业参与办学的途径有限、形式单一，多以捐资助学、提供仪器设备、为学生或教师提供实习实训岗位等方式参与学校办学；企业参与“形式化、表层化”，即企业难以深入参与到学校的人才培养过程等。针对这些问题，《意见》从“拓宽企业参与途径”“深化‘引企入教’”等方面进一步强化了企业的重要主体作用。在企业参与办学方面，《意见》提出企业可以以独资、合资等方式举办职业教育和高等教育，企业办学准入条件进一步透明化，改进企业办学的审批环节，企业可以参与公办职业学校办学等，这些都极大地拓宽了企业参与学校办学的途径。在深入推进“引企入教”方面，《意见》则从专业设置、人才培养模式、实习实训实践基地建设、人才培养过程环节等方面提出了具体要求，特别是对企业深入参与人才培养的要求方面，明确提出要支持引导企业以多种方式参与学校专业规划、课程设置、教材开发等，这对从体制机制、人才培养过程的关键环节等方面进一步改进企业参与学校办学难、参与积极性不高等问题具有重要的指导意义。

（3）完善“产教融合”顶层设计，明确“四位一体”产教融合体系架构。《意见》首次明确了深化产教融合的政策内涵及制度框架，构建了“政府—企业—学校—社会组织”的“四位一体”的产教融合体系架构，进一步完善了我国产教融合的国家顶层设计。在“政府—企业—学校—社会组织”的“四位一体”产教融合体系架构下，进一步强化政府要“构建教育和产业统筹融合发展格局”、企业要发挥“重要主体作用”、学校要“推进产教融合人才培养改革”、社会组织要发挥“促进产教供需双向对接作用”，也就是说，《意见》不仅从体系架构上完善了“四位一体”顶层设计，还进一步厘清了政府、企业、学校和社会组织的权责边界。首先，对政府而言，在同步规划产教融合与经济社会发展、统筹职业教育与区域发展布局、促进高等教育融入国家创新体系和新型城镇化建设、推动学科专业建设与产业转型升级相适应、健全需求导向的人才培养结构调整机制五个方面，要承担制度及政策制定、政策执行的监督与评估、宏观调控等具体职责，其角色由原来的“主导者”逐步过渡到“引导者”和“推动者”，角色、职责、作用等均发生了一定变化。其次，对企业而言，在企业参与办学途径、深化“引企入教”改革、开展生产性实习实训、以企业为主体推进协同创新和成果转化、强化企业职工在岗教育培训、发挥骨干企业引领作用等方面，要进一步发挥“重要主体”作用，进一步强化丰富企业在学校办学、人才培养过程中的参与职责、方式、路径。其中，对企业参与办学准入条件及标准的强调、以企业为主体推进协同创新和成果转化、强调企业行为信用约束、发挥国企和央企骨干示范带头作用等，是《意见》的突出亮点。再次，对学校而言，在学校招生、师资队伍建设、人才培养全过程、学校治理结构改革等方面全方位勾画了学校层面实施产教融合的实践样态，强化了学校教育各关键要素和环节与产业需求对接或与企业合作，明晰了学校在其中的职责、实现路径等，这是《意见》最终得到贯彻执行的重要举措。最后，对社会组织而言，在强化行业协调指导、促进中介组织和服务型企业催化、打造“互联网＋”信息服务平台等方面，《意见》聚焦如何化解产教融合中易出现的“信息不对称”“交易成本高”等问题，提出激发社会力量参与产教融合的诸多举措，从整体上激发市场活力，体现出通过市场配置资源的改革价值取向。

（4）明确“四位一体”产教融合体系架构的实现机制：重点推进、协同实现。“四位一体”产教融合体系架构的关键还在于落实和实施，因此，提出并明确“重点推进、协同实现”的产教融合实现机制是《意见》的一大亮点。首先，从整体上看，《意见》重点构建了三项推进机制：一是学校侧“产教融合”推进机制，以强调实施产教融合工程，引导各类学校人才培养全过程环节、全要素对接产业需求的人才培养改革为重点。二是企业侧“产教融合”推进机制，企业深度参与学校教育教学改革路径与方式的具体化，发挥国企及央企的示范作用，提出购买服务、委托管理等支持企业参与办学等具体举措，特别是落实财税用地、强化金融支持政策、鼓励企业投资产教融合工程等配套支持政策，为企业深度参与学校办学及人才培养提供重要保障。三是地方政府等层面的“校企融合”推进机制。《意见》提出，通过开展产教融合型城市建设试点，支持有条件的地区、行业和企业先行先试，推进以评促建等，为地方政府制订配套实施方案提供重要抓手。其次，明确了实现产教融合的“任务表”，推进任务的多部门（部委）协同落实和完成。为了更好地推动“产教融合”理念及政策意见落地生根，《意见》还特别强化“部门（部委）协同”推进的实施策略，例如，以附件形式提出了六大项工作任务和26项具体内容，其中，在26项具体任务中，仅有“鼓励有条件的地区探索推进职业学校股份制、混合所有制改革，允许企业以资本、技术、管理等要素依法参与办学并享有相应权利”这一项任务由“有关省级人民政府”落实，其余25项任务全部由多部门（部委）协同实施，涉及中央及省级政府、国家发展改革委、人力资源和社会保障部、财政部、工业和信息化部、税务总局等多个关键部委（部门）。其关涉部门之多、力度之大，在关于“产教融合”的政策及落实方面还并不多见。应该说，“协同推进”这一重要策略，切中了长期以来推进产教融合实践中产生的诸多棘手问题的要害。例如，企业申请举办股份制职业院校时面临困境：地方政府缺乏配套制度，难以通过审批；国有资产的处置与流失问题；教师干部身份的保留与否缺乏人事配套制度问题等。基于此，构建多部门紧密配合、分工负责、协同推进的产教融合实现机制意义重大。最后，明确提出了实现产教融合的“时间表”。《意见》提出用10年左右的时间逐步实现“教育”和“产业”之间良性互动、融合发展的格局，真正解决两者之间的“错位”问题，使职业教育与高等教育更好地服务于我国经济社会发展[①]。从某种意义上来说，“时间表”既给予了地方政府探索“产教融合”的时间空间，也赋予了地方政府贯彻落实“产教融合”政策的职责和使命。对地方政府而言，这既是权力的赋予，又是责任的约束。

三、“产教融合”配套实施政策面临的挑战及实现策略

尽管前文分析了《意见》的诸多亮点与新意，但是，《意见》要得到全面的贯彻实施，仍面临多方面的挑战和困难，需要政府、企业、学校和社会组织等多方主体不断探索和实践。

（1）产教融合配套执行政策如何凸显新时代的“新”意蕴。从宏观视角来看，《意见》基于国家经济社会发展与产业结构调整、国家人力资源开发、国家整个教育系统的改革与发展等几大系统，来整体设计“产教融合”，其立意之新与占位之高前所未有，也是对我国多年来关于“产教融合”系列相关政策的进一步发展和创新。尤其需要关注的是，政策出台的背景是“新时代”，“决胜全面建成小康社会、进而全面建设社会主义现代化强国”是新时代的本质内涵之一，而要“建成小康社会、全面建设社会主义现代化强国”，发展强大的具有国际竞争力的制造业、开发与配置高质量的人力资源，都是其重要内容及实现路径，而这又恰恰是“产业”与“教育”两大系统各自的核心。因此，新时代背景下的“产教融合”具有了更重要的使命和责任，也有了“新”意蕴。如何凸显新时代产教融合的“新”意蕴，对产教融合配套执行政策的制定及实施提出了挑战。

基于此，相关部委及地方政府在制订《意见》实施方案时，应着力考量如何凸显新时

① 陈锋．抓住机遇，乘势前进，推动产教融合迈向新阶段［J］．中国高等教育，2018（2）：18-22.

代产教融合的“新”意蕴。这种“新”意蕴既有“探索中国特色的产教融合内涵、模式、路径”之意，又有“通过产教融合承担起建设社会主义现代化强国，尤其是制造业强国的使命”之内涵。为了体现产教融合政策的新时代新意蕴，需从如下方面实现突破：首先，相关部委及地方政府一定要紧紧围绕新时代的“新问题”制订切实可行的实施方案，特别要重点考量实施方案如何更好地与国家或地方产业结构调整、产业转型、制造业转型升级、“中国制造 2015”等新时代新战略相契合，围绕解决“产教融合”新问题这一核心，为更好地实现制造业强国的新时代新使命提供基础。其次，相关部委及地方政府一定要结合国家或地方层面已经过长期摸索实践并验证过的、较为有效的、符合我国国情的典型产教融合经验和做法，将这些具有中国特色的产教融合模式、经验和做法提炼并融入配套实施方案中，为实现中国特色产教融合理论建构与实践经验探索提供参照。从上述意义上来说，基于新理念和新使命，解决新时代产教融合面临的新问题，探索新时代产教融合的新模式、新路径、新举措，总结提炼中国特色产教融合的新理论，是对各部委及地方政府制定《意见》配套执行政策的必然要求。

（2）如何凸显省域特色及形成产教融合政策生态系统，考验地方政府的勇气与创新能力。如何通过制定政策实施细则凸显省域特色、如何形成省域范围内产教融合政策生态系统，既是对相关部委及地方政府在制定《意见》配套实施政策时提出的挑战，又是对相关部委及地方政府制定《意见》配套实施政策时的必然要求。

首先，由于《意见》大多是方向性、概括性、指导性的表达，特别是在许多政策条款上多使用“支持”“引导”“强化”“推进”等概念化表达用语，缺乏可量化、可操作性的要求。因此，各省级政府及相关部委亟待制定专门针对《意见》的配套实施细则，以《意见》的条款作为各省或各部委制定配套实施细则的参考和依据，结合各省省域或各部委行业特点，制定独具省域或行业特色的、具有可操作性的《意见》实施细则，尽可能地结合省域或行业特点将任务和目标细化、量化，制定可行的政策路线图和时间表，切忌在制定实施细则时“依葫芦画瓢”或只是简单重复《意见》条款。具体而言，在构建“教育与产业统筹融合发展”时，各地方政府一定要结合本省市或区域经济社会发展水平和特色，立足地方，制定独具特色的产教融合发展规划。例如，河北省可结合京津冀协同发展、雄安新区规划和建设，安徽省可结合合芜蚌国家自主创新示范区、皖江城市带承接产业转移示范区建设，江苏省可结合“一带一路”交会点建设、苏南国家自主创新示范区建设等进行整体规划，来制订更有针对性和更具体的“教育与产业统筹融合发展”实施方案。在“发挥企业产教融合重要主体作用”方面，一定要结合本省市或区域企业发展水平、类型、参与能力等来制定具体量化指标，例如，在制定企业“开展生产性实习实训”具体执行措施时，对于规定企业安排多少学生及教师企业实践岗位，需综合考量地方企业类型及发展水平，在综合考量企业的发展规模、资质、技术技能型岗位数、职工数等因素的基础上制定原则性规定；其他如对企业的税收优惠政策、学生获得合理报酬的具体比例或数额等，也要基于地方企业发展水平及可接受能力来制定。当然，其他方面也需凸显省域、地方或行业特色。

其次，如何规避省域范围产教融合政策之间的“相互掣肘”，形成一个良好的产教融合政策生态系统，这也是相关部委或地方政府在制定《意见》实施细则时必须考量的重要问题。政策的“相互掣肘”现象，往往发生在不同时期关于同一主题的政策之间，或是发生于政府不同部门基于本部门利益而制定的同一主题的政策之间，或是发生于不同层级政府制定的同一主题的政策之间。由于缺乏全局或整体视角，或缺乏对不同部门利益的考量，或由于时代的变迁等原因，政策之间在具体内容、措施等方面出现矛盾和冲突，从而导致政策无法顺利执行或效果大打折扣。由于各省均有多项涉及“校企合作”的政策，这些政策在政策目标、实施措施等方面存在一定差异，难以规避“相互掣肘”的现象，因此，各省或各部委应尽快梳理之前本省域或本部门关于产教融合政策中互相矛盾、互相冲突、不配套的政策，以及不同部委（部门）之间不相配套、政策条款规定相冲突的政策，即尽快梳理那些在实践中制约产教融合深入推进的各项制度障碍，并在制定落实《意见》实施细则时予以规避。

（3）如何“协同推进”产教融合政策，可通过问责形成倒逼机制。如前文所述,《意见》的一大亮点是强化“协同推进”，强调多部门分工合作、协同推进《意见》的实施，尽管这一推进机制从根本上真正切中了“产教融合”的要害，但众所周知，“协同推进”的政策实施过程是复杂的、长期的，更是各方“利益博弈”的过程。如何在多元主体、多方利益相关者之间达成利益的协调与共享，实现多方共赢，不仅极大地考验各部委和各地方政府的执政能力，也是对各部委和各地方政府的创新能力、智慧和勇气的考验。因此，各部委、各级政府各部门是否做好了充分的准备，特别是是否具备了与不同层级政府和部门进行协调和合作的能力，将直接影响“产教融合”政策“协同推进”策略的实现。基于此，通过约束机制——问责制来倒逼产教融合政策“协同推进”实施策略的实现，可能在一定程度上为“产教融合”政策真正落到实处提供一定的制度保障。“问责是在法律设定的义务范围内，行为主体要对违反法律法规的行为承担责任，除了要对直接的行为过错承担责任外，还包括对因不作为而形成的过错承担责任，尤其是要对那些关系到国计民生的重大决策失误现象进行追究，对重大项目经费流失现象进行责任追究。”① 鉴于目前“产教融合”政策尚未触及法律法规层面的问题，因此，通过加强对政策实施过程中相关行为主体的行为过错、不作为、经费流失等问题的追责，可以倒逼政策执行主体积极作为、主动作为、协同行动。国家部委层面或各地方省政府层面，可尝试制定专门的《意见》监督、考核和问责的实施办法，特别是要建立《意见》贯彻实施过程中的监测与评估机制，加强政策执行过程中的监管与问责，以更好地为贯彻落实《意见》提供制度及机制上的保障。

① 苏华，方向阳.基于“三方主体”视角的职业教育“产教融合”探讨[J].教育与职业，2015(22)：24-26.

第三节 产教融合人才培养新模式：一融合两清单三提升

目前产教融合存在的问题是：理念不清、定位不明、理解不深、职责不明、需求矛盾、保障缺位、引导不够。笔者构建“一融合两清单三提升”的人才培养模式，一融合指基于产教融合做到政府、企业与学校，在人才培养全过程中各自发挥其作用，达到在各个环节的融合。两清单是需求和能力清单。三提升是提升人才培养方案质量、提升人才培养质量、提升合作双方的质量。

产教融合对地方高校培养应用型人才具有重要意义，同时也是高等教育持续健康发展的驱动力。党的十九大报告提出，“高校要深化产教融合工作，培养大批高素质的创新人才和技术技能人才，为加快建设实体经济、科技创新、现代金融、人力资源协同发展的产业体系，增强产业的核心竞争力，汇聚发展新动能提供有力支撑”。

一、国家对产教融合人才培养政策

近些年，随着我国教育改革的不断推进，2011 年教育部提出了“促进产教深度合作”的基本要求；2013 年印发《关于 2013 年深化教育领域综合改革的意见》中提出要改革办学体制，完善职业教育产教融合制度;《关于加快发展现代职业教育的决定》中进一步明确产教融合、校企合作是现代职业教育的基本特征；2015 年教育部下发《高等职业教育创新发展行动计划（2015—2018 年）》明确将坚持产教融合、校企合作作为创新发展高等职业教育基本原则。2017 年国务院办公厅下发的《意见》中，再次明确了深化产教融合，提出全面提升人力资源质量的具体要求和教育发展的布局。在教育发展需求和国家政策的背景下，各高校尤其是地方本科院校、高职院校开展了一系列产教融合内涵诠释、模式的研究和教育教学改革实践。

产教融合是区域经济发展和产业转型升级的迫切需要，是我国高等教育分类、内涵、转型、合作发展的基本方式，是培养高素质应用型人才的必然要求。目前，各高校常用的产教融合模式有四种：产教融合研发模式、产教融合共建模式、项目牵引模式、人才培养与交流模式。即以能力为培养核心，全面、系统规划和建设人才培养方案、课程体系、教学方法、实践教学平台和教务制度等教学体系。

我们认为“产教融合”，首先在合作主体上，在人才培养过程中企业、产业和院校是平等关系，双方同样负有培养、教育人才的责任；其次在合作层面上，对于整个产业或企业来说，与高校教育的合作将不仅局限于培养技术、技能人才的合作，而应该是两类具有高度互补性资源间全要素、全方位的集成整合和一体化合作，是利益共同体和发展共同体。简言之就是：企业和高校双方结合自身发展需求，双向发力、互动整合为互惠互利的共同体。

二、阻碍产教融合人才培养的问题

我国实施以“产教融合”为主题的职业教育改革实践以来，很多地方应用型本科院校、高职院校积极开展了产教融合人才培养方面的探索和实践，总结出了一些成功经验。但是对比职业教育开展较早的美国、德国和英国等国家，我国产教融合教育仍处于探索发展阶段的校企合作，在实践操作过程中存在着许多普遍性的问题。

（一）理念不清，产教融合认识存在误区

以人才培养定位为基础，我国高等教育总体上可分为研究型、应用型和职业技能型三大类型。应用型高校担心会因产教融合而脱离“高等教育轨道”或“被职业教育化”，因此部分高校在人才培养模式改革方面，只讲产学研合作或者校企合作。理念认识不清，加上认识和转变不到位，必然会影响产教融合的深入发展。

（二）定位不明，专业产业契合度不高

高校自身定位不明，导致专业结构调整虚化，专业设置没有真正做到与社会需求、区域经济发展完美对接。各高校尤其是地方本科院校为了吸引生源，在专业设置上盲目跟风，追捧所谓的“热门”专业的现象仍普遍存在，这就造成了高校的专业结构与地区产业结构契合度偏低。很多高校专业雷同性高，特色不明显，很难满足区域经济发展需求；专业设置脱离产业发展需求，造成了学生就业后岗位与专业吻合度不高。这往往会造成学生毕业等于失业现象的发生。

（三）理解不深，实施形式大于内容

高校对产教融合的内涵和意义理解不深，实施模式较为单一，多限于基地共建、订单式培养、校外实践基地、顶岗实习等形式，缺乏具有针对性的可持续合作机制。在产教融合的过程中企业基于自身发展需求，关注的是高校能与企业间开展更多的技术层面的合作，而对于高校的运行机制、教学模式、教学手段、教学内容等均缺乏充分的了解，无法准确了解和掌握学生的学习目的和知识掌握程度，同时也不能准确了解每个学生的个人能力和自身素质。而对于高校的科研人员来说，受制于高校的评价机制，大多都存在重科研项目、重学术水平，轻应用、轻科研成果的二次开发和中试工作等现象。这就造成了合作主体更多的是考虑自身利益和需求，无法明确合作双方各自的责任、职权和利益，无法建立一个长期、稳定、制度化的利益共同体，最终致使产教融合合作多流于形式，真正实施的甚少，而且实施的效果也不令人满意。

（四）职责不明，合作开展稳定性差

基于国家的政策，许多高校与企业合作没有从社会经济持续发展的角度考虑职责和任务，急功近利地从形式上和短期利益上开展简单合作，缺乏双方体制机制约束和宏观战略

上的合作。此外，高校专业结构的随意性，为应付教学而产生大量似是而非的产教融合机构，可大多流于形式。在产教融合过程中，由于缺乏政府相关政策的支持和引导，一方面企业在培养人才中存在“付出”多、“收益”少的现象，另一方面高校培养的人才的综合素养和专业技能不能满足企业生产的需要，导致出现企业参与学校人才培养的主动性不高。高校在进行学生生产实习过程中，存在走形式走过场和为实习而实习的想法，加上合作机制不稳定，实习岗位的需求又不能满足人才培养的需求，这导致许多高校采取学生自主联系实习单位的开展部分实习等现象。一是双方合作职责不明，没有从长远利益考虑，造成了无论企业还是高校合作意愿和意识相对淡薄，加上各自的追求利益和目标冲突，导致产教融合人才培养环节矛盾；二是产教融合合作层次较低，双方合作原创性、创新性成果较少，仅开展一些技术服务和成果转化等工作；三是合作企业的规模和实力千差万别，造成学生实习效果不均衡。

（五）需求矛盾，师资不能满足需求

高校以开展人才培养和基础科学研究为主，故教师的学历层次相对较高；基于传统以理论授课为主的教学方法，许多专业教师封闭在象牙塔中，对于企业发展前沿信息和实际生产需求了解不够，专业知识结构陈旧老化，大部分教师缺乏企业的从业背景和实战经验，不能满足企业日益快速发展的技术信息的人才需求，这些问题严重制约了应用型人才培养的质量。从企业聘请的技术人员到高校教学，尽管能够弥补高校专业教师应用和实战能力的短板，强化学生实践教学的指导工作，但是企业外聘人员数量有限，而且他们缺乏高校教师应具备的基本教学技能和方法的综合素养，应用技术系统性和完整性不足，这对于能否满足应用型人才的培养同样面临很大的挑战。

（六）保障缺位，持续开展工作乏力

我国有关“产教融合”的发展过程中，校企联合培养人才的机制、合作过程中的科研成果的归属权等，没有建立相应的规章制度，也没有相应的评估体系去评价“产教融合”人才培养质量。目前，国内大多数高校对于“产教融合”的培养模式和运行保障机制均处于探索阶段，没有对人才培养全过程形成一个闭环式的质量保障体系。

（七）引导不够，师生参与程度不高

目前，国内高校尤其是地方性本科院校的师生对于“产教融合”人才培养的参与热情和参与程度均不高，各高校无论是组织层面还是教师个人对于如何有效引导和组织学生参与“产教融合”均缺乏行之有效的方式和方法[①]。出现这一现象有以下几个方面的原因：一是学生对于专业发展和未来职业规划缺乏明确的方向。受社会不良风气的影响，在校学生更容易趋向于眼前易得的经济利益，对于专业和职业未来缺乏忠诚度。二是高校教师对于“产教融合”教学缺乏信心，对于专业的发展和建设缺少责任感和进取精神。三是高校的

① 孙涛，黄辉，李登万，向桢．以“正确义利观”护航产教融合校企合作行稳致远［J］．中国职业技术教育，2018（10）：19-23.

组织结构、管理体制及规章制度束缚了“产教融合”人才培养模式的创新发展，制约了专业与产业的深度融合。

三、“一融合两清单三提升”人才培养模式构建

产教融合必须从三个层面出发：宏观层面来说，政府部门要出台一系列的政策，支持学校、企业更好地全面开展产教融合工作；中观层面就是对于高校要建立敏捷的应用型人才培养体系，能够快速而又低成本地对产业的人才需求变化做出响应，对于行企业要形成人才需求的行业标准，为应用型人才培养建立参考标准；微观层面就是要学校和企业共同开展课程改革工作，这是产教融合的出发点和落脚点，课程改革的成功最终决定产教融合的成功。基于这一理论，我们构建了以产教融合为基础的“一融合两清单三提升”闭环式的人才培养模式。

（一）一融合

针对产教融合过程中各方职责不明、理解不深、保障缺位等问题，我们在该模式中进一步明确了各方的职责，充分调动各方的积极性。一融合指基于产教融合做到政府、企业与学校，在人才培养全过程中各自发挥作用，达到在各个环节的融合，这需要各方在充分理解产教融合意义的基础上，积极参与人才培养过程，并明确各自的职责和任务，建立起“行业制定标准，院校负责培训，政府实施监督”的产教融合的基本制度和运行机制。学校与企业分别在人才培养目标的制定、课程设置、双师型队伍建设、课程改革和项目攻关等各方面，全程参与人才培养的过程，发挥自身优势，只有充分调动各方的积极性，才能让产教融合真正落地，发挥其在人才培养过程中的作用。

（二）两清单

为更好地解决专业产业契合度不高，人才培养需求矛盾等问题，我们构建了“两清单”模式，“两清单”指需求和能力清单，主要是在产教融合过程中，企业结合自身发展和行业发展的需求，向学校提供相应的人才需求清单和行业职业能力清单，学校根据自身人才培养特色和过程向企业提供人才供应清单和人才培养质量清单，通过清单的操作模式便于两者之间进行更好的交流与对接。企业提供的清单要结合行业、企业未来 5 年内发展趋势，对所需人才从技能、职业素养等维度进行描述；学校提供的清单主要是从学生的就业意向、职业规划、具备的专业知识能力等维度进行描述。两清单的建立实际上是为学校与企业间建立了一个联系纽带，操作简单，便于双方从书面的角度去更好地思考各自的需求，可以达到双方更加全面地了解彼此的目的。

企业提供的清单有利于学校更好地了解行业、企业在人才需求方面的情况，可以作为学校进行人才培养计划修订和确定人才培养方向的重要依据，同时也有利于解决专业与产业的契合度问题；学校提供的清单，可以让企业更多地了解学校培养学生的情况，有利于企业更快地获取学生的知识、技能储备情况，便于企业有针对性地开展入职培训。以地方

高校丽水学院园林专业为例，自实施两清单模式以来，有效地提高了学生的入职率，这个过程中两清单发挥了较大的作用。同时我们结合两清单的模式，每年组织以专业为单位的专场招聘会，更好地解决学校与企业间的供需矛盾。

（三）三提升

1. 提升人才培养方案的质量

由于企业参与了人才培养计划的修订过程，保证了人才培养计划的质量和行业、企业的紧密对接。在这一模式中，企业需在人才需求的清单基础上，进一步制定详细的行业入职标准，同时配合学校完成专业职业岗位（群）的调查，内容涵盖了职业岗位、素质要求、能力（技能）要求、知识要求、相应的证书名称和等级等内容；学校根据行业标准以及专业职业岗位（群）的调查，梳理出专业职业能力（技能）分解表，在此基础上进行人才培养计划的课程设置。

通过这一方式可以更有效地弥补高校教师对于行业发展、企业生产以及具体环节了解不够的弊端，可以更好地制定出与行业及相关企业生产相匹配的实践能力培养计划，有利于为企业培养适合行业需求的人才，便于企业、学校的深度合作。丽水学院园林专业自2012版人才培养计划开始，按照清单模式进行了整个人才培养计划的修订工作，逐步按照行业职业能力构筑学生的实践课程体系，注重学生实践能力和职业能力的培养。进一步明确了专业定位是“面向浙西南、辐射‘旅游区’，为城镇园林生产一线，培养掌握一定专业基本知识，具有较强的生态理念和岗位实践技能，拥有一定的创新意识、团队意识和独立工作能力，满足行业标准的要求，能够‘下得去、留得住、用得上’的应用型、复合型、专业型技术人才”。

2. 提升人才培养的质量

应用型人才培养的基本规格是“基础适度、口径适中、重视应用、强化素质”，人才培养质量的最终落脚点还是在课程体系建设上，对应着专业职业能力（技能）分解表进行课程设置，力求做到一个课程群对应着一个职业能力（技能），通过这样的方式可以有效避免“水课”的存在。其次加强了师资队伍的建设。高校培养人才，教师是关键。目前，高校教师大多具备较高的学术能力和教学水平，但对于产业的发展、行业规范、新技术的应用等方面往往了解甚少；企业中的技术人员大多工作在生产一线，对于产业的情况、技术发展趋势十分熟悉，但是学术能力、知识水平有限。通过构建双师型的师资队伍就可以实现双方的优势互补。同时双方都要提供一定的渠道，比如让教师定期深入企业以促进教师与产业保持联系，高校为合作企业技术人员开展培训，提供函授、进修机会，以及适当的学历提升途径，提高他们的知识水平。进而实现双方共赢、共同提升的目的；最后在课程教学方面，高校教师由于存在行业的实践能力的短板，课程讲授大多偏重理论知识，不能很好地将理论如何应用与实际、解决实际问题以行业前沿技术的知识充分的介绍给学生，同时在授课中不能将一些行业内具有代表性的实际案例融入课堂中。这就需要企业、行业的人才对于这一环节进行有效的补充，提供一些案例的素材融入教学过程，提高学生的学生运用知识的能力和实践能力。

3. 提升双方合作的质量

高校与企业的合作必须建立在双赢的基础上，保证产教融合工作实现可持续发展。通过这一模式的实践，为企业和高校之间构筑了一个平台，可以促进项目攻关项目的合作，不但为企业带来了收益，同时也提高了高校教师服务地方产业的能力和水平。丽水学院园林专业在这一模式实践中，逐步建立了一个稳定的行业群，并定期召开研讨会议，研讨人才培养、项目攻关等工作。同时积极对接丽水当地的产业需求，成立生态农业发展研究中心、花卉研究中心、毛竹服务团队等对接地方产业的技术服务中心。

产教融合是培养高素质应用型人才的必然要求。在建立、完善和实施产教融合人才培养模式的过程中，必须充分发挥政府、行业企业、高等学校在产教融合过程中的作用，明确各自的职责和权益，同时做到全过程的融合与协作。只有这样才可以真正发挥产教融合在人才培养过程中的作用。

第四节　应用型人才教学资源的产教融合协同建设

产教融合、协同育人是解决当前高等教育人才培养供给侧和产业需求侧不适应问题的重要途径。文章主要从高校人才培养全过程出发，讨论高校与产业融合发展中应该着眼教学资源建设问题，协同共商应用型人才培养目标与标准体系、协同共构培养模式与课程体系、协同共享师资队伍与教学能力、协同共创实践与创新创业教学生态、协同共建质量保障与人才评价认证体系，服务应用型人才培养。

2017 年 12 月国务院办公厅发布了《意见》（国办发〔2017〕95 号）。文件认为我国“人才培养供给侧和产业需求侧在结构、质量、水平上还不能完全适应，‘两张皮’问题仍然存在”，并提出了“推进产教协同育人、健全高等教育学术人才和应用人才分类培养体系、加强产教融合师资队伍建设”等具体要求。实际上，早在 2015 年 10 月，教育部等三部委曾经发布《关于引导部分地方普通本科高校向应用型转变的指导意见》（教发〔2015〕7 号），文件提出“各地各高校要从适应和引领经济发展新常态、服务创新驱动发展的大局出发，……，推动部分普通本科高校转型发展”。

本节主要从两文件提出的指导意见出发，全面研究应用型人才培养目标与标准设计、培养过程、软硬件资源建设、质量保障与学生学业评价等完整育人环节，系统构建应用型人才培养资源建设的产教融合协同体系，分析各项举措的相互关系、作用、地位，力求描绘产教融合应用型人才培养条件资源建设的基本路径，为地方高校、行业特色高校转型发展提供具体的方法指导[①]。

① 王丹中，赵佩华．产教融合视阈下高职院校协同育人机制探索［J］．中国高等教育，2014（21）：47-49.

一、协同共商人才培养目标——人才质量标准是前提

产教融合背景下，高校人才培养目标需要切实转变，根据经济社会发展切实需求，对接行业产业发展，明确人才培养的种类、方向；同时，高校要深入了解、研究乃至参与制定专业人才质量标准，对培养出的毕业生规格做到胸有成竹，让质量标准贯彻人才培养全过程。

（一）人才培养目标

我国高等教育有本科、专科之分，2000年之前，学界基本将本科人才视为研究型、学术性人才，专科人才则为技能型、技术性人才。这一人才划分模式，并不适应当前高等教育大众化发展阶段，西方学者认为我国“高等教育机构的教学方法、课程内容、课程结构与知识结构也需要不断更新。学校所教的内容与中国人的社会与工作实际并没有联系起来”。新时期高等教育，要满足社会与市场的需要，就必须更多地注意到理论与社会生产的紧密联系，在研究型、技能型人才之外，培养应用型人才。而应用型人才层次水平高，单纯依靠行业培训无法胜任，高等教育必须承担必要的培育责任，产业界、教育界有着天然的融合需求。

具体来说，产教融合应用型人才培养目标，应该有如下三特征：①目标明确性，②职业发展性，③能力标准化。目标明确性，是人才培养目标需要明确培养人才面向行业、服务领域，培养出哪一类人才；职业发展性则侧重学生发展成长，进一步描述培养出的人才未来的发展路径和成长方向；能力标准化，则是人才培养目标需要符合行业人才质量标准。

人才培养目标有必要纳入人才质量标准内容，并进一步细化学生的知识、能力、素质要求。将行业制定的人才质量标准纳入高校人才培养目标中，形成人才培养目标——人才质量标准体系是产教融合协同育人的前提。

（二）人才质量标准

人才培养目标是高校根据自身发展、社会需求自行决定的，具有个性化特征，是“培养什么人”的问题；人才质量标准是行业、产业发展对人才提出的基本的标准化需求，具有共性化特征，是“人才应该是什么样的”问题。这两者看似各行其是，却有内在统一性。人才培养目标具体能力、素质、知识要求，需要在共性基础上体现个性，高校必须在行业产业的人才标准规范基础上进行扩展，两者合一才能真正明确“培养什么样的人”。

人才质量标准可分为国家、行业、学校三个层次，涉及知识、素质、能力三个方面要求。例如，教育部中国工程院关于印发《卓越工程师教育培养计划通用标准》的通知（教高函〔2013〕15号）提出了卓越工程师国家通用标准。这一通用标准是工程师培养的国家标准，而各行业还需要继续完善制定各自的标准，例如电子工程、机械工程、网络工程、土木工程等不同行业。最后各学校还需要依据行业资源、本校特色优势，制定各学校的标准，形

成国家、行业、学校三个层面标准。教育界不仅应该努力参与国家标准、行业标准的制定，在学校标准制定过程中还需要广泛吸纳政府、行业、产业代表，协同构建学校标准。

2018 年 1 月教育部发布的《普通高等学校本科专业类教学质量国家标准》也是国家层面的质量标准，对各专业类的本科人才培养目标、培养规格、课程体系、师资队伍、教学条件、质量保障等各方面提出了明确的标准和要求，而其中最为重要的就是人才培养质量标准。以新闻传播学类教育质量国家标准为例，其中明确要求了政治素质、道德素质、专业素质、身体素质等 4 项素质要求、5 项能力要求、8 项知识要求。

应用型人才培养目标确定的重要工作之一，就是深入分析并明确人才的能力、素质、知识的标准与要求，这一分析过程与结果，有着承上启下、枢纽性、贯穿始终的重要意义。分析质量标准、细化人才目标，明确了人才培养规格，不仅是对人才培养目标的进一步充实与丰富，更是从起点上沟通产学，达成共识。可以说，人才培养目标——质量标准体系是人才质量的前提，对人才培养方案、课程体系设计、教学方法都有决定性的重要作用。

二、协同共构人才培养模式——课程体系资源是基础

人才培养目标、质量标准确立后，产教融合还需要建立科学的人才培养方案，以文件的形式确立科学的培养过程、培养要求等，明确“怎样培养人”。而人才培养方案设计中最重要的两个方面就是人才培养模式、课程体系。

（一）人才培养模式

应用型人才培养模式本质就是高校与产业、企业共同参与人才培养过程的模式。从时间上看，可以分为“2+2”“3+1”模式。从学生毕业去向看，可以分为订单式、双元制等模式。从职业认证上看，可分为双证书式、继续教育式培养模式。无论哪种培养模式，应用型人才培养都需要产教融合，协同参与培养过程，突出应用型人才的实践能力培养。

产教融合的应用型人才培养，并不是简单的教学场所更替、教学师资组合或是课程内容叠加，双方应该从人才培养目标、标准出发，开展深度融合。高校并非简单地把培养实践能力的责任转嫁给企业，而是要设计全过程、全方位、递进式的实践能力培养体系。从课程类型上看，要设计理论课程实验环节、独立设置的实验课程、综合实习实践环节、毕业设计环节，逐步深入培养学生综合实践能力。从学制设计上看，很多高校设立了 1 个月左右的专门用于实践的短学期，四学年共计四个短学期，从参观见习、岗位实习、综合设计、毕业设计等环节上逐步深入。从实验实践环节上看，把课内实验、企业实践与课外科技竞赛、创新创业比赛等融合起来，配备校内校外导师，综合培养学生的理论知识、实践能力、专业素养、创新思维。

（二）核心课程体系与资源建设

理论知识、实践能力、专业素养、创新思维的培养需要相应的课程体系的支撑。人才培养方案的重要内容就是要对应人才标准与各类要求，设计相应的课程体系。课程体系应

当包括理论课程、实践教学环节和毕业论文（作品）。例如《新闻传播学类教学质量国家标准》对应4项素质、5项能力、8项知识要求，提出了“理论课程、实践教学环节和毕业论文（作品）的课程体系，其中理论课程主要包含通识类课程、公共基础课程、专业基础课程、专业类课程”。

除了课程体系设计之外，产教融合共同建设课程资源，也是课程建设的重要内容。企业完全可以把行业发展的最新技术、产品、工具引入课程，设置独立的实验课程，充实进入理论课程，加入实践实训环节。也可以围绕行业各岗位职业需求，围绕生产过程更新教学内容。以新闻出版专业为例，“通过选择新闻出版典型产品的典型生产过程，将典型生产过程分解为多个典型任务，将其转化为可实施的项目，重构‘项目载体、任务驱动’式教学内容”。这种课程能够让学生了解行业发展前沿，适应行业企业一线队的人才要求，展现“上手快”“来之能用”的职业素养。更能够“在日常教学环境中模拟和打造职场情境，让学生亲身体验职业要求、职业标准，培养职业素质，从而有针对性地做好职业规划，有利于学生零距离就业”。

三、协同共享师资队伍——教学能力是核心

学校办学以教师为本，师资队伍的人才培养能力是决定应用型人才培养成败的关键。目前高校都十分重视“双师双能型”师资队伍建设，积极引进来自企业行业的专业人员，努力打造来自高校、来自企业的双师型师资队伍。传统学术型人才培养的师资往往学科专业知识掌握系统牢固，而行业教师往往行业实践能力强，两类师资最需要的是对应用型人才培养的教育理论、教学方法等教学能力的培养，培养其科学设计教学过程、合理运用教学方法的能力。

应用型高校教师教学能力的培养重点在于：①依据质量标准、学生特征、教学内容，科学设计教学目标、教学方法、教学过程的能力；②掌握多种教学方法，并在教学中合理运用的能力。为此，教师教学能力培训中要同时针对高校、企业两类师资开展培训，掌握从教学目标—标准出发的“逆向教学设计”方法。逆向教学设计（backward design），是威金兹与麦克泰格两位学者2005年开发的一种教学设计模式，“帮助教师从教学结果开始思考教学，首先明确教学目标细节，即希望完成所有教学步骤后学生知道、理解、能够做到什么”。该方法中，教师首先用需要理解并与学生分享教学目标。随后通过分析教学目标，计划显性教学活动（explicit instruction），让学生开展练习、运用知识与技能，使用不同的教学模式与教学策略，让每一位学生都有机会学习、练习以及运用新知与技能。

应用型人才培养的关键在于教师的教学能力、知识储备、行业背景等。通过“双师双能型”师资队伍建设，教师的学科知识、行业背景都有一定的保障，基本建立了协同建设、协同培训、协同共享师资的机制。但是对于师资教学能力、教学方法培训还存在较多的不足，而这恰恰是应用型人才培养的核心问题。当前，大部分教师教学方法上以教师讲授、

演示为主，教学内容以传授学科知识、演示操作技能为主，培养过程与应用型人才培养目标存在较大差异。这些问题都严重制约了应用型人才的培养质量，要解决这些问题的根本在于教师队伍的教学能力培训，需要通过教学的理论、教学设计方法的学习，让教师系统掌握教学设计方法、具备应用型人才培养基本手段，大胆开展教学创新，形成适合应用型人才培养的师资队伍与教学体系。

四、协同共创实践——创新教学生态是关键

目前实践教学、创新创业教育体系建设中，主要存在以下三个方面的问题：一是软硬不平衡。产教融合中重视各类硬件建设，软件资源与机制建设缺乏成熟积极的探索。二是关系不紧密。产教融合共建项目上缺乏系统设计规划，无法对应用型人才培养形成合力[①]。三是运用不到位。很多实验室、项目、平台一定程度上存在重建设轻使用的问题，高水平、高价值的设备仪器很难发挥应有的作用，设备淘汰较快，实验室平台无法完全开放给师生使用，学生只能走马观花见习为主，难以发挥应用型人才实践能力培养的作用。

产教融合应用型人才培养，需要高校与企事业单位深入融合，系统创建实践 - 创新教学生态系统。从横向上看，这一系统包括“课程、平台、师资、项目”等，形成完整生态。课程应该包括理论课程、实验课程、实践课程、实习实训课程、创新创业课程等内容体系，形成完善的实践能力培养课程体系。平台建设上，需要建设校内实验室、校内实习实践基地，以及校外实践基地、创业孵化基地，各类平台从基础的学科、专业实验室，到专门的实践基地，形成层级、梯队。同时各类课程、平台需要配齐各类教师、开发各类实验实践项目，服务学生课外实践创新项目、各类竞赛、作品创作研发等，为学生第二课堂学习提供有效辅导，使各类平台使用效率最大化。

从纵向上，实践创新教学还需要在内容上形成实验、实践、创新、创业连贯的完整体系。实验教学，要求学生熟悉基本实践操作规范，掌握实践相关原理、方法等，掌握单项操作能力。实践教学在校内外实践基地中开展，培养学生了解企事业单位生产全过程，组合运用实验课程中掌握的能力、方法，进一步加深理论的理解和培养实践能力。在综合实践阶段，学生可以深入参与企业的生产管理、销售服务等过程，从单项操作、简单工作过渡到负责综合真实的工作任务，在实际工作中锻炼实践能力。在综合实践基础上，学生需要参加各类科技创新大赛、竞赛，申报并完成各类创新项目，把理论学习、实践学习、课外研究所得进行综合创新，针对企业生产实践的实际需求进行创新，甚至还可以通过企事业单位的研发项目锻炼创新实践能力。

实验、实践、创新基础之上是创业教育。没有创新的创业是低附加值、低技术含量并且低成功率的，只有真正的技术创新才是高水平应用型人才创业的主要方向。通过创业课程帮助学生掌握创业知识、概念，通过各类项目培养创业能力、意识，通过实际参与企事业单位的创业工作培养创业精神、理念，逐层递进，最终通过辅助孵化，自主开展创业活动。

① 周萍．高职院校校企合作深度融合研究［J］．教育与职业，2015（13）：24–26.

从实验实践到创新创业，是一个完整的、连贯的、不断递进的系统，应用型的人才培养需要在学生入校初就开始设计，真正让学生通过产教融合、校内外培养，获得实践能力、创新能力、创业精神的培养。

五、协同共建质量保障——评价认证体系是保障

产教融合应用型人才培养的质量保障 - 评价认证体系包括两个部分，一是人才培养质量保障体系，用以保障人才培养过程与教学条件，通过定量评价确保各类资源建设符合应用型人才标准的数量质量要求，通过定性评价确保人才培养过程契合人才质量标准、培养目标，并针对问题进行反馈调整。二是人才质量评价，如通过对学生的知识、能力、素质评价，开展学生职业能力的评定，判别学生是否达到了标准、目标，发放相关资格证书。

（一）质量保障体系

应用型人才培养质量保障体系，应该贯穿人才培养全过程、全环节，覆盖人才培养全要素。其中相对容易进行监控保障的是资源投入部分，该部分通常都有硬性的定量要求，可以通过加大投入、加强建设等工作完成。但是更重要的是在培养过程中，人才培养标准、目标是否达成，人才培养模式是否合适有效，课程教师质量是否满足要求，实验实践创新创业教学是否形成完整体系等。这些环节都需要进行定性的评估监控，对于发现的问题还需要进行反馈，不断改进提高，形成完整的闭环体系。

从标准、目标制定来说，产教融合应用型人才培养保障的主体主要应该包括两个部分，学校与行业协会。学校主要从教育的角度开展自我监控。行业从第三方的独立角度，严格按照标准、目标体系进行评估，完善质量保障体系建设。当然，社会、政府、学生家长等相关人员都是质量评估的主体，但是从专业性、严格性角度看，质量保障的最终还是需要以学校自我质量保障体系与第三方评价体系结合才能发挥最佳效果，才能形成长期有效的质量保障体系。“要对培养模式的合理性、有效性进行全面追溯，也要求培养模式建构思路要更为清晰、逻辑性更强，教育培养全程质量观因此得以联动贯彻和实施。新型培养质量调查反馈环节的健全与完善，对形成系统闭环的人才培养模式内在良性互动机制发挥着至关重要的作用。”

（二）学生学业评价

应用型人才评价分为培养过程中的形成性评价以及培养结束后的终结性评价。形成性评价是为了促进学生发展而开展的评价，促进学生不断提高、达到质量标准要求，满足人才培养目标；同时也促进教师不断调整教学方法、人才培养模式，发现最佳教学方案的重要手段。终结性评价是学生在完成学业前进行评价，比如校内的毕业资格审核、行业的职业资格认证等都属于终结性评价，用于鉴定、鉴别学生是否达到培养目标和质量标准，最终用于毕业、就业、职业资格审核。

我国目前在学生学业评价上还是以单一的学校评价为主，用人单位、行业协会、第三

方评价等评价相对较少。而在发达国家，工程、医疗领域的学生终结性评价中，各类行业协会、第三方评价认证则相对完善，并有较强的权威性。日本工程教育认证委员会（Japan Accreditation Board for Engineering Education，缩写为：JABEE）的工程认证中，相关高校与产业界紧密协作、产教融合，共同构建了完整的质量保障 - 评价认证体系。评价专家的人员组成上，行业产业界专家与高校专家教授占有绝对的比例。“JABEE 所实施的专业评价则是侧重于对工学专业教学质量与教学成效的直接评价，由于这种评价认证不仅关注课程设置、人员配备等投入面（Input），而且也强调被评价大学的产出面（Outcomes），即重视毕业生的就业质量、用人单位的评价反馈等，这种评价认证无疑更能有效保证工学专业毕业生的人才培养质量。”

应用型大学起源于 20 世纪 60 年代，至今只有 50 年的发展历史，中国应用型大学建设源于 2013 年，至今只有六年多。无论对世界还是对中国来说，应用型高校建设都是一种全新的大学种类。把产业界引入高校，产教融合共同建设大学、共同培养人才从理念走向现实，进而走向兴盛，需要的不仅是政策、资源，还需要高校与产业界共同转变思想、形成共识，还需要教师和教学管理人员把产教融合的思想和理念落实到人才培养全过程、全环节中，从目标—质量、培养模式—课程、师资队伍—教学能力、实验实践—创新创业教学、质量保障—评价认证等人才培养等全方位的改革创新，才能真正培养出符合社会主义现代化强国需要的应用型人才。

第五节　产教融合培育高职跨境电商人才的路径

产教融合尊重了人才培养的基本规律，高职外贸类专业跨境电商方向实行产教融合有着巨大的优势，但仍存在融合形式表面化、难以提升学生的职业素养、人才培养与课程设置与实际脱节等现实困境。针对这些问题，提出通过完善校企信息互通与资源共享，构建校企利益需求驱动的合作机制，运用新商科思维优化高职跨境电商人才的培养目标，完善校企跟踪回访制度等改革发展路径，深化产教融合培育高职优秀跨境电商人才。

“互联网 + 外贸”驱动了相比传统外贸而言环节更少、效率更高、成本更低的跨境电商近几年的蓬勃兴起。“一带一路”倡议的开展使我国跨境电商在时间、产业等多方面优势放大。随之而来的便是跨境电商人才缺口严重，这为高职院校国际贸易及相关专业学生就业创业带来了契机。目前，通过产教融合，让职业院校和行业企业共同承担跨境电商人才培养的责任，发挥育人双主体作用，提高高职院校人才培养质量和企业经济效益已成为共识。但在产教融合人才培育具体实践过程中仍遇到了诸多问题，导致人才供给与市场需求并未真正匹配。因此，分析产教融合培育高职跨境电商人才的优势和困境，探索产教融合人才培育的合理路径具有重要的现实意义。

一、产教融合方式培育高职跨境电商人才具有天然优势

（一）产教融合尊重了高职跨境电商人才培养的基本规律

自 2011 年教育部提出“促进产教深度合作”的要求以来，学界对产教融合的研究成果不断涌现，当前及未来很长时间内，产教融合培养职业人才都将是职业教育研究关注的热点。高职跨境电商人才的培养是高职院校不断趋近教育本质的过程，职业教育发展的基本规律主要体现在职业教育与社会发展、人的发展的作用中，而产教融合的核心内涵正是产业、行业、企业与职业教育的人才培养、社会服务等过程不断融合，产教融合反映了产业升级转型和职业教育内涵式发展进程中产业与教育水乳交融互为因果的逻辑必然[①]。

（二）产教融合符合市场对高职跨境电商人才的需求

产教融合是实现院校人才培养与社会人才需求统一的最佳途径。艾媒咨询数据显示，2019 年中国跨境电商交易规模达 10.8 万亿元，人才成为制约跨境电商企成长的重要因素。利用第三方跨境电商平台从传统外贸转为跨境电商的野蛮生长时期，企业需求的主要是美工、拍摄、编辑或者 IT 类的平台操作基础人员，这些人才在高职院校都有相关专业对应，社会培训体系上的供给也比较充足。随着信息革命与消费革命的到来，我国跨境电商下一步的发展必将与国际接轨，参与全球供应链的变革，从拥有价格话语权进阶到渠道的话语权。适应全球化市场，具有国际化能力，具备数据分析和转化能力，帮助企业带领团队的中高端人才成为跨境电商企业更上一层楼的关键。因此，中国跨境电商的人才缺口局面在未来较长时期里都将存在，推动产教融合的深化完善跨境电商人才生态链成为填补这一缺口的当务之急。

二、产教融合培育高职跨境电商人才的现实困境

（一）现有产教融合形式表面化

目前，产教融合还较多停留在校企合作这种浅显的层面，局限在订单培养、顶岗实习、引厂入校等几种简单形式，“院校实习驱动”和“企业用工驱动”。院校人才培养与跨境电商产业发展的需求不协调，职业院校无法对跨境电商产业进行人才需求准确预测，对合作诚信度低的企业识别能力不高，对优秀企业奖励力度亦不明显。此外，高职院校普遍存在教师缺乏跨境电商企业的从业背景和实战经验，对企业技术支持有限，也很难承担企业员工培训和继续教育的任务，企业在产教融合中除了获得学生外无法感受到职业院校其他切实有效的帮助。另一方面，现有的产教融合几乎都是以院校为主、企业为辅，跨境电商企业经费投入积极性不高，部分企业缺少长远人才储备的眼光，不能从战略高度认识产教融合的重要性。规模较大的跨境电商企业，引进人才有一定优势，内部有较成熟的再培训体

① 刘甲珉，徐占鹏.基于产教融合的高职服务外包专业建设“四融”模式探索与实践：以青岛职业技术学院服务外包专业建设为例［J］.职教论坛，2014（12）：56-59.

系，因此缺乏参与高职人才培养的责任感；规模较小的跨境电商企业，人才急需，但缺乏长远发展规划和财力物力不足，往往采取即用即招的方式，缺乏参与高职跨境电商人才培养的耐心和能力。简言之，现阶段跨境电商企业产教融合参与人才培养的形式大于内容，处于被动育人的地位。

（二）企业难以真正提高学生的职业素养

职业素养即从业者在职业活动中，在熟练职业操作技能基础上，所具备的稳定而成熟的内在综合品质。具体表现为：高尚的职业修为与操守，积极的职业态度与心理、规范的职业习惯与礼仪等。跨境电商人才的巨大缺口加之跨境电商实践性强的特点，导致目前产教融合中跨境电商企业对学生的培养往往比较注重外贸技能和外语语言技能，再辅以电子商务和计算机运用能力方面的强化训练，满足于让学生获得从事跨境电商职业某一工作岗位所需的实际技能，忽略了学生职业素养教育，将产教融合的高职教育蜕变为一种急功近利的职业培训。加之，跨境电商存在进入门槛低的特点，企业竞争对手之间高薪、期权、股权等手段相互挖人层出不穷，一些学生在跨境电商企业工作一段时间后也往往会选择自主创业。有的跨境电商企业在应对这些现象时被动消极，往往会扼制学生从事跨境电商事业的团队合作精神和职业生涯规划等职业素养的形成。

（三）人才培养与课程设置与实际脱节

产教融合成功与否的标准在于所制定的人才培养方案是否满足产业实际人才岗位需求，开发的专业课程的标准是否代表产业最新的技术水平。跨境电子商务具有典型的跨界性，而现阶段高职院校仍然主要是按国际贸易、电子商务、外语、国际商务等专业分别培养。以高职国际贸易专业为例，现有的人才培养与课程设置大多设计学生就业去向是贸易公司的贸易业务操作员，比如报关员、单证员、外贸业务员等，这与跨境电商特别是零售跨境电商岗位设置的现实脱节。即使有些高职院校已采取行动，将国际贸易专业的培养方向调整为跨境电商方向，但反映跨境网络营销技能、跨境电商平台运营技能、跨境电商物流与供应链管理技能的具体课程普遍开设起来仍颇有难度。

三、深化产教融合培育高职跨境电商人才的路径

（一）完善校企信息互通与资源共享

加强高职院校与跨境电商企业之间的日常交流，做好经常性的工作沟通，实现信息互通与资源共享，建立高效的联络工作机制。院校可派出评定“双师型”需求的老师担任联络员，一定时期内常驻企业，扮演院校与企业之间的信息传递员并负责跟进一些具体事项，切实提高校企沟通的质量和效率。联络员教师到期返校后，还可以把企业第一线的实战经验和技能知识融入课堂讲义中去，把企业搬到课堂，使教学更加贴近企业实际需要，也将提升课堂教学的吸引力，如此培养出的学生势必能更快适应跨境电商企业未来的岗位要求。

（二）构建校企利益需求驱动的合作机制

企业追求利润最大化，职业院校追求为社会输送高素质技能型人才。产教融合的深入必须进一步厘清院校和跨境电商企业的利益结合点，通过双方资源互补整合优化来创造新增价值，并对新增价值进行科学分配来平衡彼此关切，利益驱动下的自愿参与更能有效实现知识价值和经济价值的融合。校企双方可借鉴企业投资和管理机制，构建融通校企组织边界的决策、咨询和执行机构，负责双方合作的目标定位、发展规划、人才培养等重大事项的决策，由行业企业专家、学校管理人员、专业教师和教育专家等组成专业指导委员会，对专业建设、课程建设、师资建设、教学和培训提供指导。共同制定合作章程，明确各方权利与义务，有所作为与有所不为，以及相应的考核、奖惩等管理制度。鼓励教师积极参与跨境电商企业的技改项目，例如帮助企业进行跨境平台数据分析、人力资源优化培训等。

（三）运用新商科思维优化高职跨境电商人才的培养目标

新商业时代的标志是数据、感知与智能，新商业时代的特征是技术、商业与人文的深层次融合，此背景下深化产教融合对高职跨境电商人才的培养需要新思维、新规律、新技术、新积累和新模式。首先，高职跨境电商人才的培养目标要以就业为导向而不是以就业为终点，要体现职业启蒙和成长路径。产教融合培养的高职跨境电商学生不只是毕业时满足跨境电商企业的岗位技能需要，而是应具有良好的进取精神、良好的个人修养、良好的表达与沟通能力、良好的职业适应能力，在跨境电商企业一段时间的经验积累，能够脱颖而出，获得更广阔的发展空间。其次，人才培养在能力构成上需要再分析与再开发，除了一直强调的应用性技能，也应补上人文社会科学素养，社会责任感和商业伦理道德的能力短板，产教融合培养出来的高职跨境电商人才不仅能立足于跨境电商行业的发展现状，也能正确认识从事跨境电商活动对于客观世界和社会的影响，精技加厚道，技道一体。

（四）完善校企跟踪回访制度

跟踪回访制度是产教融合不可或缺的重要环节，通过对已在跨境电商企业工作的毕业生定期跟踪和对用人单位的定期回访，可以更加密切校企关系，亦可具体了解学生在企业的工作情况、生活情况、工资待遇、岗位变动和企业对学生综合素质的评价等，从中发现院校在高素质技能型电商人才培养方面亟须改进的问题与不足，及时调整学校的课程设置与管理制度等，总结合作有益经验，充实和完善合作内容①。跟踪回访制度将更有效地促进产教融合的实效性和可持续性。

高职院校的产教融合必须通过特色鲜明的专业人才培养模式的建构来实现，它能有效推动人才培养与岗位需求的衔接、人才培养生态链和产业链相互的融合。我国跨境电商的持续发展使得产教融合培养高职跨境电商人才成为一项复杂而系统的工程，尽管面临一些现实困境，但通过深入研究产教融合方式和完善高职跨境电商人才培养的路径和制度，实现高职院校与跨境电商企业之间的良性互动和资源整合前景光明。

---

① 周丹．高等职业教育产教融合动力机制构建［J］．教育与职业，2016（20）：39-41.

第六节　“产教融合”模式下师资建设途径

国家《现代职业教育体系建设规划（2014—2020 年）》中明确提出“产教融合”，指出了现代职业教育培养质量的瓶颈就是缺乏“产教融合”能力的教师，探索教学与生产相结合的师资培养途径和办法，将成为现代职业教育发展的强大引擎，并需深入做到校企融合。文章探索了一种“产品、项目就是手中教材，生产技术就是专业技能”的“产教融合”教学形式，并在此基础上，不断通过“营造生产性训练环境、校中厂、厂中校、项目订单训练、仿真远程教学”等方式，构建出适合中高职、本科立体贯通的“产学并行”训练体系，研究现代职业教育区域范围内的“产学并行”教学模式，实现学校和企业完全融合下的学习与训练。

“产教融合”是当前职业教育研究和实践的重要领域，是经济发展方式转变和区域产业深度转型对职业教育的必然要求，同时也是现代职业教育发展的重要指导思想和现实途径。而教师作为职业教育中重要的角色，其自身的发展将在很大程度上影响着当今整个职业教育制度改革的推进及发展。纵观我国的高校，历来都高度重视教师队伍的建设，要办好一所高校，办成一所国内乃至世界一流的高校，必须始终坚持以“师资队伍建设”为核心，将“师资队伍建设”工作作为整个学院建设工作中的重中之重来抓，只有把教师这个基础抓好了，才能切实提高教育质量，办好人民满意的教育事业。将“产教融合”植入师资建设中，大致可以从以下几个方面来展开探索和研究。

一、加强理论研究，提高教师队伍思想政治素质

通过“走出去”，与国内优秀的院校及教学团队结对子，学习研究别人成功的做法，结合自身院校的特点加以改良并应用，同时可以通过学院自身各专业教学团队的建设以及省示范、国示范建设，为高职院校师资队伍建设进行理论方面的探索。

二、提高教师专业水平和教学水平，提升教学质量

（一）切实落实新、老教师结对子活动

学院的广大青年教师是学院未来发展的主力军，但同时在教学、科研等方面存在着经验不足，能力不够等特点，因此老教师的经验传授、言传身教显得尤为重要。为了更好地开展这项活动，并将该项活动落到实处，学院也应当给予一定的政策支持。

（二）培养中青年专业、学术带头人以及骨干教师

通过“带头人”的引领作用，带领一批教师一起行动起来，营造浓郁的学术氛围，从

而更好地为专业的建设以及教学服务。

（三）加强课程建设

在学院层面，应当多鼓励各专业深入开展教改、课改等活动，并给予一定的政策支持，通过这一系列的教学比赛，也能为省级以及国家级的教学比赛培育苗子。同时专业建设好了，课程建设好了，也能促进教学质量的提高，为人才质量的培养提供坚实、有力的保障。

（四）校企合作开发教材及教学资源库

积极与企业合作，深入企业，将企业中的真实案例进行整合，充分吸收企业工程师的意见和建议，开发具有实用性的、符合行业规范的教材，同时开发为课程服务的教学资源库，满足学生课堂及课后实践的需要。

（五）鼓励广大中青年专业教师脱产下企业实践

从教育部门到地方高校层面都应出台相应的配套方案政策保障，推动专业教师下企业实践的积极性和主观能动性，让一线专业教师在企业扎根，切实深入企业一线工作，熟悉行业、企业最新技术动向，掌握专业技能，提升专业素养，规范专业行为，熟悉企业业务流程，将企业中的实际项目融入先进的教学理念，科学地将项目拆分成若干个适合教学的任务，从而让学生了解企业的工作流程，提升专业技能，无缝对接企业。

（六）深入开展在线开发课程建设

通过微课、信息化课程等建设，提高专业教师教学能力和教学水平，规范教学语言，提升专业教师对信息化教学设备使用的熟练度。同时，通过教学模式、教学环境的优化，激发学生学习的主动性和学习热情，使学生从课堂被动、单一的学习环境中释放出来，获取了更多的学习机会，主动选择感兴趣的课程进行学习，丰富了求知的途径，学生对课程有了更直观的认识，与老师在线上线下也有了更好的互动。

三、深入校企合作，提升教师的社会服务能力

作为一所地方性的高校，应当紧密联系地方经济，结合地方产业的布局，满足社会发展的需要，遵循“优势互补、资源共享、互惠互利、共同发展”的原则，以“学院的专业建设与地方产业的全面对接”为目标，深入推进校企合作，构建校企合作的长效机制。

（一）切实开展教师下企业活动

只有深入一线企业中，才能真正地把握行业的最新动向，接触到行业的最新技术，了解到企业的用人需求，因此学院应当大力鼓励一线教师下企业，让一线的教师真正融入企业实践中。

（二）积极开展社会服务与技术培训

通过学院自身优势资源的整合，积极为社会、行业以及企业开展技术的培训以及服务，

扩大学院社会影响力的同时，也要通过与企业的深入合作，将企业引进来，与企业共建校中厂、厂中校，谋求与企业的订单式培养，真正做到为行业、企业培养优秀、合格员工。

（三）积极推进“校中厂，厂中校”

主动联系企业，对接企业，为地方企业提供技能培训等服务，利用大学科技园等院校的优势，孵化一批优秀的企业和项目，高校在其中应当充当主人公角色，积极投身产业建设，为地方经济的发展出谋划策①。

（四）探索与企业联合办学的新模式

把企业的生产模式，企业的一线工程师请进课堂，将企业对专业技能的训练嵌入日常教学过程中，将企业对员工的培养模式融入高校的人才培养方案中，邀请企业领导共同制定专业的发展方向，共同制定专业课程的目标和课程体系，与企业共建“双元师资工作站”，高校企业共同培养专业教师，提升教师双师能力和素质。

“产教融合”模式对于现代职业教育体系有着举足轻重的作用，但如何更好地开展“产教融合”，需要不断地探索与研究，这要求我们广大的教师，需要时刻抱着一颗强烈的责任心，通过自己的不断努力学习，激发我们的创新意识，才能培养出高素质、高技能的人才；同时学校也应当配合教师，提供更好的学习工作环境及氛围，只有学校、企业、教师共同努力，才能真正把实践教学落到实处，取得成效。

第七节　基于互联网思维的产教融合模式的研究

随着互联网技术的不断发展，其成为人类社会中必不可少的重要元素，在这种大背景下，互联网思维成为我国职业教育发展的强有力保障。现阶段职业教育常常会出现教育机制与社会需求不相符的状况，一些院校不能有效发挥校企合作的作用，其深度与广度远远不能达到要求，达不到校园与企业之间良性互动的效果。基于此，本节借助互联网思维对产教结合进行研究，为推进产教结合提出意见，希望对相关工作者有所帮助。

一、职业教育产教结合的含义

产教结合是生产与教学合为一体，作为职业院校来说，由于我国职业教育发展时间较短，很多院校没有相对独立的设备与设施，资金也是捉襟见肘，需要借助企业的优势资源，用自己的优势资源和企业形成良性互动，在教育教学过程中就可以直接与行业的生产需要进行对接，让学生全面提高个人技术水平与道德修养。这种校企合作是集经营管理、科研、优势互补以及社会服务等为一体的，通过这种方式促进企业与院校之间的交流合作，让学生更快实现角色与心理上的转变，从而形成学校、企业与学生三方共赢，推进高职院校自

① 胡丽霞．职业教育产教结合问题研究文献述评［J］．职业教育研究，2012（4）：8-10.

身发展的同时，有效促进产业升级与区域经济发展，对整个社会来说良多益处。

二、现阶段我国实行产教结合的阻力

总结国外发达国家成功经验并结合我国职业教育发展特殊性不难看出，产教结合是现代化职业教育的必然选择，在具体实施的过程中受诸多因素的影响，就学校与企业来说主要有以下两个方面的阻碍。

（一）缺少行业企业的支持

行业协会在行业发展中有规划与制定行业标准的重要作用，其中人才培养也是一个方面的内容，但是现阶段我国诸多行业中缺乏正规行业标准，甚至有些行业协会缺少编制与经费，难以实现自身作用，并且大多数行业协会并不能有效参与产教融合；而从企业方面来说，国家缺乏相应的政策，很多企业承担职业教育责任时常常会考虑诸多问题，毕竟企业的主要还是以营利为目标，难以真正背负起这种社会公益责任，就算能成为校企合作单位也往往不积极，导致校企合作深度难以达到预期，很多合作只是一次性的，并且在合作的过程中学校与企业直接会出现有去无回的状况，互动严重不足，有些企业目的性太强，要么就是需要职业院校的人力资源，要么就是为迎合国家政策，这样的校企合作不仅达到不到原有效果，甚至不利于院校与学生的发展。

（二）高职院校自身能力不足

我国高职院校对自己的定位往往是比较低的，学校更加重视专业知识的传授以及自身教育教学体系的建设工作，对职业教育的实践性与职业性未能做到有效把控，很多院校在专业设置过程中相对独立，缺乏与社会需求与发展之间的相互协调，并且在课程安排上也不能满足高素质应用技术人才的培养需要。一般情况下，高职院校的社会认同度比较低，自身奉献社会与服务社会的能力较弱，在校企合作过程中也很难真正给予合作单位有效的服务，这也是校企合作停滞不前的一个主要因素。

三、互联网思维在产教融合模式中的应用

高职院校是提供职业教育产品的主体，其客户不仅仅是学生，更包含在校学习企业员工等，受传统教育体制的影响，高职院校更加重视理论教学而忽视实践的重要作用，课程开发更加倾向于理论化与逻辑化，并将教师作为课堂主导，而这种以教师为主导的教学方式，忽视学生主体地位与实践能力的提升，导致诸多客户学习体验较差，逐渐失去学习的兴趣与耐心，借助互联网思维探究新型的产教融合模式对高职院校的发展来说尤为重要①。

（一）以课程为主线

互联网思维的核心就是用户，职业教育要将这种思维用于自身产品之上以客户体验为

① 姜乐军．“政产学研用”生态圈下现代学徒制治理结构的构建［J］．中国职业技术教育，2017（36）：90-96.

主要核心，致力于提高学习服务的整体质量。这就要求高职院校必须从人才培养全过程入手，形成有体系、有内涵的职业文化的教育，通过工学交替、订单班等形式加强与企业之间的交流合作，同时按照客户不同的个人需求，让其参与到课程产品的研发之中，吸取客户意见，从而形成一套颇具个性的独特课程体系，带给客户全新的学习体验。

（二）加强校企合作

校企合作要更加深入，学校应与企业联合建立合作平台，形成良好的合作氛围。一是保障职业教育能与国家产业结构调整与发展的步调一致；二是有效结合企业的实际需求调整教学计划与人才培养目标，与企业需求相适应。在操作过程中，要充分利用互联网思维去思考问题，有效解决校企合作过程中出现的利益问题等，建立健全相关机制，及时解决问题，促进合作的良性发展，不仅要通过网络信息技术等改变传统校企合作中沟通不便的弊病与信息的不对称性等问题，加大信息的传输速率，促进高校沟通机制的形成，还可以通过建设互联网平台来有效整合产业与教育资源，以平台为基础实现企业资源外包、企业人才定制等服务，为校企合作的深入发展奠定必要基础。

四、基于互联网思维产教结合模式的创新与实践

（一）积极运用用户思维

互联网思维中的用户思维与高职院校以学生为主体的具体要求相适应，高校在人才培养、专业设置、课程教学与实践实习等多方面要做好改革，以摆脱传统高职教育在模式上的问题。学校可通过工学交替与订单班等方式有效深化校企合作的同时，精确掌握企业的实际需要，更有针对性地培养符合企业要求的专业技术性人才，这样不仅学生好就业，也同时解决了企业用人难的问题。

（二）构建社会服务平台

产学结合注重的是多主体共同发展与创新，这就要求政府、行业协会、企业、学校要促进相互之间交流互动，真正有效运用互联网思维建立健全社会服务云平台，以强有力的方式打造高职教育链与产业链，促进产学结合的同时，在产业结构调整、学校社会服务性发挥等方面也有诸多帮助。构建社会服务平台一定要结合当地的经济发展状况，满足当地发展特点，采取有效措施吸引中小企业加入，有针对性地为企业输送人才，促进新兴行业的发展与科技成果转换等。围绕云服务平台，能大幅度拉近学校与企业之间的距离，有效促进校企合作深度的提升，方便学校与企业之间的协调发展，通过协同育人与项目外包等方式参与中小企业服务。

除此之外，还应优化平台的参与机制，形成互利互惠、协助发展的产教融合圈，发挥中小企业在该云平台中的促进作用，同时学校更应结合实际情况努力优化平台机制。首先要确定相应的例会制度，各方代表要按照规定时间参见交流会，促进相互之间的沟通，完

善利益分享机制，对权利进行划分与约束，逐渐消除各个单位之间的问题与摩擦，拉近彼此之间的距离；其次要成立专门的督导小组，完善内部制度，对平台运营全过程进行监督；最后要线上线下一体化，线上企业与学校要齐心协力，按照中小企业的特殊性要求进行开发，提高平台的服务质量，进一步降低企业投入，更有针对性地开展各项工作，避免出现企业、学校之间的信息差异，增进平台内各用户之间的联系，线下高职院校则应进一步明确市场机制在校企合作中的作用，要采取有效措施鼓励企业职工与在校教师之间的学习互换，提高教师实践能力与师资团队的社会服务能力。

基于互联网思维的产教融合模式是未来发展的一大方向，有关人员要及时转变思想的观念，积极创新、实践，着力打造产学结合新形势，在促进高职院校发展的同时，为产业结构调整与区域经济发展提供助力。

第八节　嵌入技术与应用专业产教融合模式

产教融合是为校企合作模式的一种深化，符合高职教育的特点。以嵌入式技术与应用专业为例分析了当前专业在校企合作中面临的问题，并提出在当前环境下要如何才能有效开展校企合作，如何推进产教融合提出解决思路。

通过近十几年的高职教育改革与发展，大家一致认为走校企合作之路，能更好地培养符合市场需求的人才。然而要更深入地推进校企合作，必须使学校与企业都成为育人主体，校企双方共同整合资源，形成利益共同体，即达到产教融合。产教融合是职业教育与企业的深度融合，是校企合作长期积淀的结果。

产教融合是集教育教学、素质养成、技能历练、科技研发和社会服务于一体的校企合作模式，符合高职教育特点，符合市场需求。产教融合有利于高职教师教学工作、有利于学生学习成长、有利于企业获取应有的利益，能推动企业技术进步和产业升级转型，更好地服务地方经济发展。

一、当前存在的问题与原因

产教融合是校企合作模式的一种深化，是职业教育的本质特色。下面以河源职业技术学院嵌入式技术与应用专业为例，分析校企合作现状。

（一）人才培养体系与社会需求存在一定差距

近年，嵌入式技术与应用专业在人才培养体系的构建上做了大量的探索，对原有的知识结构进行调整、优化课程体系、重新设计教学内容、改革教学方法与教学手段改革，培养的嵌入式技术与应用专业人才整体上基本符合市场的需求。但是由于学校层面、专业层面上与行业企业的互动相对较少，缺乏行业企业的深度合作与参与，没有完全根据行业企业的职业岗位需求及标准制订人才培养方案，也没有形成良好的校企协同育人机制，导致人才培养与社会需求存在错位。

（二）校企双方合作深度不够

虽已与十几家企业建立了多种合作模式，如与企业共建实习基地、产学研合作、订单式培养等，但是多数合作深度不够，不能开展协同育人工作，存在流于形式的情况。

（三）校企合作的长效运行机制不够完善

院校为有效开展产学合作，推进人才培养改革，提高人才培养质量，在与企业的联系上处于主动位置。而合作企业特别是中小型企业，出于自身利益，往往较被动，如接纳实习生、选派高质量兼职教师时常常十分困难。

二、嵌入式技术与应用专业产教融合模式探索

（一）形成校企合作共赢、长效合作机制

近年，在国家层面虽然出台了一系列支持产教融合的政策决定，但是当前各级政府还没有明确具体的可操作的奖励机制或实施细则。由此，从学校层面应建立相应的体制机制，确保校企之间有共同的目标、合作平台和必要的资金支持。只有达到双方合作共赢，才能实现产教融合。

（1）从地方政府层面上，可给予合作企业相应政策与资金支持的制度，使企业在校企合作中既有责任也获取相应利益，以提高企业的积极性。政府的政策引导与激励机制是加快产教融合形成的必要条件。只有在优良的政策环境下，企业才能更好地服务于社会，学校层面才能放心地与企业进行全面融合。

（2）在学校层面上，要形成产教融合管理部门。开展产教融合工作，必然会涉及学校与企业、专业与企业、院校内部各部门之间的各种关系。只有厘清各层面的职责关系，才能更顺利地开展产教融合。要形成融合学院各部门、系部专业及各科研团队为一体的产教融合机构，以负责校企合作工作的相关事宜，如专业教学与生产实践、老师科研与产品研发、经费使用等，从而方便统一管理与指导。可增设校企合作办公室，负责校企间的日常沟通与洽谈跟进，达成共识。同时，作为学校，各行政管理部门应简政放权，为产教融合管理部门提供合适的绿色通道。

（3）在团队建设上，要形成校企互派人员机制。产教融合要高质量深度开展，必须全面建设产教融合双师教学团队。专业老师不仅要有扎实的专业理论知识，还要具备高超的专业实践技能[①]。专业教师下企业，为企业提供优质服务，解决实际问题，以赢得相应企业的对专业建设的支持。企业派出高素质工程师，到学校讲座或兼课，为学生提供企业经验分享。专任老师不仅要明确专业学生未来岗位的具体要求，还要有能力开设新技术新课程，

① 刘斌，邹吉权，刘晓梅．职业教育产教融合的逻辑起点与应然之态[J]．中国高教研究，2017(11)：106-110.

并利用新技术进行开发设计，同时，也要为企业工程师给予教学理念的指点与帮助。企业工程师不仅是企业人才，也是学校教师的获取新技术新技能以及企业岗位经验的导师。另外，要制定合理合规的灵活度较高的人员管理及劳务管理制度，形成柔性共享人才资源的机制。

（二）建立良好高效的教学质量评价体系

教学质量是衡量教学过程优良的一个重要指标。在产教融合环境下要保证教学质量，学校层面上得构建一个科学高效的教学质量评价体系。构建基于产教融合的教学模式，其目的是提高当前高职院校教学质量，培养出更加优良的高素质劳动者和技术技能人才。由此，对于高职院校来说，建立并有效地执行教学质量评价体系是十分重要的。教学质量评价体系要从职业院校、参与企业、教师与学生等层面，对各专业的人才培养方案、教学过程、师资方面进行综合性的评价。要构建多元灵活的反馈机制，方便快速地对学生在理论、实践教学等各个层面进行评价及跟踪，并及时回馈给相关的专任教师，以便教师对下次课程教学的整改，从而达到加强教学过程管理及提升教学质量的目标。在专业的实施层面，要引导校企双方的师资团队开展自我诊断，努力提升教学能力及专业水准。

（三）结合企业实际的研发或生产需求，构建基于某系列产品的人才培养方案

深入合作企业和用人单位进行实地调研、问卷调查，了解企业职业岗位能力需求。并通过召开专业建设指导委员会议、毕业生回访等方式，得到专业面向典型工作岗位的工作任务、工作过程及职业素质与能力要求；然后召开专家、企业能工巧匠、教师共同参与的职业分析会议，对典型工作岗位的工作任务及其工作过程进行分析、合并、归纳，得到典型工作任务对应的知识点和技能点。同时结合产品的全生命周期进行分解所得出的知识技能，重新修订专业人才培养方案，并依据人才培养方案的新要求设计开发以智能小车系列产品为载体的实验实训装置、标准化通用性的课程资源及教材、师资培养方案、社会服务与创新创业方案、校外实习基地等内容。通过变革，每一位老师将要求成为产品专家，能胜任多个环节所涉课程的教学，提高教学内容的连续性、衔接性；学生通过三年有效学习，能独立或合作完成产品，获取相关工作岗位的基本经验。从而达到提高专业人才培养质量的目标。

（四）校企共建实训室，共同开发课程资源

以产品为专业课程教学与建设的重要载体，校企联合开发基于嵌入式某系列产品的标准化通用性的课程资源及教材；建立一批以校企合作产品为代表的创新型实训室、课程资源，以及相应的案例库、文档库、职业标准库等。如与广州粤嵌通信股份有限公司、深圳信盈达电子有限公司分别共建了可穿戴开发实训室、智能家居开发与体验实训室，同时在《嵌入式手机应用开发》《嵌入式操作系统》《物联网应用开发》等课程共建了丰富的课程资源库，为专业人才自主学习及终身学习提供良好的学习环境，为产教融合的进一步开展

奠定基础。

（五）构建专业创新工作室

通过构建专业创新工作室，为专业对接产业和服务社会提供了良好平台基础。专业创新工作室在承接与专业相适应的生产加工研究或服务同时，也为学生提供了良好的学习与实践窗口，为产教融合相关课程的开发和实施奠定基础。通过专业创新工作室，学生可以在类企业的环境下模拟工作或真实工作，提升自身解决实际问题的能力。通过专业创新工作室，企业能得到应有的项目成果或创意方案，教师与企业工程师的关系更密切，更容易获取专业领域的新知识、新技术。

近几年在嵌入式技术与应用专业层面上实践表明，要良好地开展产教融合，学校层面首先要积极推进产教融合，专业层面上才能在学校整体框架之下，积极开展教师与企业员工的沟通，使教师与企业员工有效融合，共同为学生服务，提高学生素质。要将专业建设与企业用人需求对接起来，校企双方共同制定人才培养方案、共建实训室与课程，在合作中达到共赢，才能有效深化校企合作，推进产教融合，从而培养出更加符合行业企业需求的人才。

第三章　产教融合实践

第一节　会计专业产教融合实践

在我国经济增速放缓的环境下，产教融合是区域产业与经济转型对教育发展的客观需求，同时也是深化我国高校教育体系与内涵的关键途径。会计专业群是通过教学资源与社会资源的共享，提升会计专业核心竞争力的有效手段，是结合人才培养体系、岗位群、专业群，实现高校与现代企业一体化的具体表现。本节结合产教融合在会计专业群建设中的内涵，探索专业群与人才需求关系，提出具体的实践策略。

在新时代下，我国社会经济结构、人才培养体系发生了巨大的变化，我国相关政府部门也从社会发展与人才供应角度出发，颁布多项政策和规划，以此加快当代教育体系建设步伐，深化校企合作与产教融合，以此推进产业升级和教学改革。突出教育机构在社会经济发展中的协同育人作用[①]。而专业群作为当代高校建设的关键延伸，是提升院校竞争力及实现可持续发展的核心内容。因而探寻产教融合视域下的专业群构建策略，对发展我国社会经济体系、增强人才培养效率具有深刻的现实指导作用和意义。

一、产教融合在会计专业群内涵

产教融合是我国高校教学改革的焦点，是院校教学工作从规模型发展转变为内涵型发展的主要选择。具体来讲，产教融合主要指企业或行业与教学机构相互支持、相互渗透而形成的教学整体。与传统教学模式相比，产教融合模式能够有效破解高校教学理论与社会实际相偏离的问题，有助于提升学生社会实践能力、专业理论知识理解能力以及岗位工作适应能力。更可实现企业与院校的融合发展和深度合作。其中，五个对接是高校与现代产业或企业落实产教融合的关键点：首先产教融合的教学基点是行业岗位需求与专业设置的对接；其次产教融合的教学重点是职业标准与课程内容的对接；再次，产教融合的教学特点是生产过程与教学过程的对接；然后，产教融合的教学契机是职业资格与毕业证书的对接；最后，产教融合的教学契机是终身学习与职业教育的对接。根据我国产教融合的关键点，高校应构建符合产教融合发展的专业群体系。

① 尤祖明．综合改革视阈下基于激励理论的高校实践教育研究［J］．中国成人教育，2017（18）：49-51.

二、会计专业群与人才需求关系

在新经济格局的背景下，我国各类产业与企业不断深化结构转型，将注意力集中在对新经济形态的适应中，不断发展新型管理模式，创新经营理念，引入先进的理论及信息数字技术。这便为我国高校人才培养机制提出了严格的要求。需要高校从产教融合、专业群层面出发，构建符合现代企业发展的人才培养体系。以此满足企业对专业人才的具体需求。专业群主要是由就业率高、办学能力强的重点专业作为主要专业，多个技术领域、工程对象相近的专业相互融合的集合。在专业群特征上，具有整合性和复合性。首先是整合性。专业群通常以相同的对象和临近的工程领域为基础，整合多个学科体系，利用实验设备、实训场地，构建完整的人才培养机制。其次是复合性。专业群建设通常依托相同的专业基础，以复合型教师展开交叉学科教学为途径，形成专业性强、复合性高的师资队伍。因此，高校专业群是以现代企业人才需求为出发点，通过整合不同学科的理论体系及相关技能，提升人才培养质量。

三、高校会计专业群的构建路径

（一）构建校企协同的体系

构建校企融合机制，打造由行业专家、高校教授等组成的专业群指导队伍，协同构建会计专业群建设、教学实施和课程改革，努力探寻“工学融合”的新路径、新模式，引导现代企业进入高校教学体系中，以企业发展为宗旨，与会计协会共建记账工作室，为高校会计学徒制的开展提供平台。以此引导高校学生在高校与企业的共同指导中实现工作型理论学习，推进高校教学与岗位就业的有效衔接，从而创新当代高校与企业的协同育人机制。与此同时也为高校教师实践教学、挂职锻炼、真题真做奠定了基础。因此，大力开展校企协同育人的专业群，能够有效增强学生职业适应能力，促使毕业生顺利进入企业，满足企业对高素质人才的具体需求。在校企协同模式的不断推进中，高校所培养的学生质量得到企业的肯定与支持，不断形成就业旺、招生畅的局面。

（二）会计课程体系的构建

根据会计专业群所面临的“服务域”问题，即现代企业所属行业、类别及具体的要求不同的问题。高校应对专业群相关专业和主要专业的课程的差异性及共同性进行深入分析，注重引入企业职业标准和相关专业标准。并以学生能力发展为目标，将岗位任务变成学习任务，逐步构建高层互选、中层分离及底层共享的相互渗透、彼此联系的课程体系。譬如将会计技术考试渗透到专业群课程中，实现职业证书与课程体系的完美衔接。联合现代企业制定凸显学生岗位能力的教学标准，以此形成相关的教学评价标准与考核标准。

（三）会计专业资源库建设

以会计专业委员会作为建设平台，通过院校联合、校企合作的模式，构建专业开发队伍，努力创建以开放型、共享型的素材中心、课程中心及专业中心为主的数字资源平台和教学信息库。形成全员参与、专人负责的新型管理体系。其中专业中心主要是以会计专业标准库、办学基础信息库、职业信息资源库为主要内容开展建设的；而课程中心则以技能实训、通用核心、专业拓展、资格认证为课程的关键。努力开发各级在线课程、精品课程、微课和慕课，构建包括教学评价、教学实施、教学设计的课程资源库；至于素材中心，主要是在课程资源的前提下，分别构建以视频、动画、图标及文本为主的素材资源，并根据行政人员、教师、学生不同需求，构建出能够呈现出服务功能的素材资源[①]。现阶段，高校资源库根据“边用边建”原则分层次展开，并在应用中不断完善，以此全面实现资源数据库的共享和共建。

基于产教融合的会计专业群是我国社会市场经济进入新的发展阶段的必然要求，是高校满足企业结构转型的必然趋势，因此，高校应以企业岗位标准、职业标准、课程标准为导向，将专业群建设目标与企业人才需求目标相融合，努力构建新型的人才培养机制。为社会输出大量优秀的会计人才。

第二节　基于会计专业的“2211”产教融合实践

本节基于会计专业提出了高职产教融合的“2211”实践模式，暨“双主体、双协助、一实体、一中心”的模式框架。在该框架下，解决了会计专业因私密性无法由单个企业接收大批量的学生顶岗实习问题，创造了校企合作的新模式，拓宽了高职产教融合实践模式的思路。

在高等职业教育迅猛发展之际，职业教育及职业教育人的使命是：打开视野，不局限于学校，如何与校外的企业、机构、团体合作，把职业教育带到新高度。《国务院关于加快发展现代职业教育的决定》中提到“产教融合、特色办学”，强调要突出职业院校办学特色，强化校企协同育人；“国务院关于印发统筹推进世界一流大学和一流学科建设总体方案”中提到“深化产教融合”；“教育部关于深化职业教育教学改革全面提高人才培养质量的若干意见”中提到“坚持产教融合、校企合作”，推进行业企业参与人才培养全过程，实现校企协同育人；“教育部关于深入推进职业教育集团化办学的意见”中提到“开展集团化办学是深化产教融合、校企合作，激发职业教育办学活力，促进优质资源开放共享的重大举措”。可见，国家的大背景大环境就是要深化校企协同育人机制，集产学研于一体的人才培养模式。财会类专业工作保密性强、传统企业容纳实习生数量极少。校企协同育

① 何龙安.教、学、做：民办高校实践教学模式构建的三维视角[J].中国成人教育，2016(9)：99-101.

人，产教融合一直以来是财会类专业的瓶颈。所以要打破常规的“校企合作”思维模式，创造新型的产教融合模式，使其模式从内涵、层次、深度、广度上都有新的突破。

然而，我们也不得不承认，现有的合作模式与我们理想中的“校企深度融合、人才培养无缝对接”仍有较大差距，人才供给与需求并未真正匹配。

一、高职会计专业产教融合的实践现状

（一）“会计专业课程设置”和“会计岗位”需求有差异

通过对省内外多家高职院校进行调研，会计专业课程设置已达成一定共识，包括会计基础、财务会计、成本会计、财务管理、管理会计、审计学、税法、电算化会计等专业基础课、专业理论课形成了会计专业的课程体系。会计岗位需求根据行业不同、企业规模大小不同而不同，目前“会计岗位”的分析及提取的主体、路径及制度都是空白，“会计岗位”是行业、企业的“会计岗位”，需要有行业协会和会计协会这些职业团体来完成，通过“会计专业课程设置”和“会计岗位需求”零对接，达到产教融合的深度融合。而目前职业教育的产教融合还处在非常表层的状态，这项工作缺乏相应的主体来承担，又缺乏相应的机制去协调。

（二）“会计专业通识性”难以满足“行业特性”会计需求

会计专业的课程设置以通识性课程为基础，这是多年本科教育形成的特色，完全不能适合高职教育的需求。高职教育强调的是可操作性，和企业会计岗位的零对接，比如汽车在财务会计中普遍作为固定资产来划分，但是对于汽车销售公司来说汽车就是存货。又如在财务管理中不同的行业存货周转率的含义是不同的，所以引入行业的会计专业数据是有意义的会计数据，高职会计专业必须更进一步关注行业性，而不是仅关注通识性，才能促使高职教育从根本上区别于本科教育，形成高职教育特色。

（三）“单向作用，散点合作”的运作模式，难以形成长期有效成果

这种模式是建立在校内实验室和校外顶岗实习的两种实训基地建设的基础上而形成的，那么存在的问题是：校内实验室和校外顶岗实习是脱离的，没有有机联系在一起。每一个学校都孤立地建立校外合作企业，每一个合作企业能容纳会计顶岗实习的数量是有限的，不像工科专业可能几个大型合作企业就解决了上千名学生的顶岗实习问题，校外顶岗实习无法落到实处，且无法受教学计划所掌控。这种学校单向作用，各个学校找一些合作企业的散点合作模式，一是解决不了大量的会计专业学生实习问题；二是各个学校做了大量的重复工作；三是造成了大量的资源浪费。

因此，我们想探索一种新型产教融合模式，将企业和学校都放在产业链条上，互相融合，这种模式的起点是校企共赢、终点仍然是校企共赢[①]。职业教育培养人的目的是企业聘用，在这个过程中一定要把企业作为培养人的主体，才能完成职业人的培养目标。在这个

① 李玉芬．新时代职业教育产教融合生态圈的建构[J]．教育与职业，2018（20）：19-25.

产业链条中，学校应该有所为，有所不为。在目前实践中，很多学校建实验室、成立会计记账公司、联系合作企业，并且每所学校都在孤立地重复这样的工作。我们认为学校建一定的实验室是必需的，社会上有大量的记账公司、管理软件公司、行业协会、会计学会，学校如何和这些单位、团体建立“共赢”团体，使丰富的社会资源都参与到职业人的培养事业中，会计实践教学体系才能真正做到“教学做一体化”。因此我们需要建立一种机制、路径、平台、资源，让所有的学校都能进来，所有的路径都是畅通的，所有的平台大家都能享用，所有的资源都能共享。会计实践教学不仅仅是学校的实验室或实训基地的建设，更是多元趋向的开放式运行的职业教育运行体系的构建，在这样的体系下，教师的责任不单是教好哪一笔业务如何做分录，而且要根据实践合作模式来确立实践教学目标、工作任务、工作方法。学校则要利用联动机制，实现实践教学资源“共享”。

二、基于会计专业的职业教育产教融合体系构建

（一）财会类专业的依据

财会类专业的理论依据主要是财政部制定的《企业会计准则》和《小企业会计准则》。工作依据是《会计法》。财政部和人社部共同组织会计职称考试，目前有会计、审计等系列，会计系列为助理会计师、会计师、高级会计师。

（二）第一层次“2211”——“双主体”

1. 职业院校——职业教育一主体

职业院校要完成两个任务：学历教育和职业教育。这两大任务就赋予了职业教育更大的使命。学历教育的功能是学习知识，完成知识体系和理论框架的架构，这也是传统人才培养计划、课程体系、课程名称、理论框架。这就是职业教育的课程体系和课程名称沿袭的模式。我们的重点应该放在第二部分职业教育上，依照从职业→职业群→教育职业（专业）的逻辑层次来展开。德国实施的是国家层次的职业分析，由德国教育部系统的联邦职业教育所实施，并得到德国劳动力总署系统的劳动力市场与职业研究所的大力支持与协作。其设计方法为职业分析（业务规范、职业资格）→职业归并（职业资格）→专业划分。参照德国职业划分的特点。我们对财会专业可以由工作分析（业务规范）→作业分析（技能—知识—行为）→职业资格综合→职业产学研的思路来划分。因此财会类职业教育的课程是按照这一逻辑来逆向分析，从现有的传统意义上的各门课程入手，找出实现培养目标的知识点、技能点、行为点，进一步集成、归纳、整合成课程体系。

财会类职业教育在职业分析的基础上，要完成技能课程→实习基地→行业业务规范→行业会计资源库建设→行业管理会计优化这些任务。

2. 会计学会——职业教育的另一主体

会计学会成立时间久，运行时间长，以前的主要功能是继续教育、会计从业资格培训。会计学会容纳了所有会计的职业人资源。这正是职业教育的使命和需求赋予了会计学会新

的内涵。职业教育的培育主体一方面是职业院校，另一方面是“企业”，企业是有职业的地方，有职业人的地方，而会计专业已经建立起来一个“会计职业人”的平台，传统企业没有为会计专业和高职院校合作办学的需求和动力。那么我们就转化为和“会计职业人团体”合作办学。设想“会计职业人团体”完成“职业资格”的认定，会计从业资格已经取消，可以设想建立起“会计职业一级资格”“会计职业二级资格”“会计职业三级资格”等，这些职业资格和职业教育的技能、知识、行为打通。双主体共同完成职业教育的使命。同时会计学会有大量的“会计职业人”，可以充实到职业学院的“双师型”队伍中，解决了实训师资严重不足的问题。

（三）第二层次“2211”——“双协助”

1. 行业协会暨典型企业——职业教育辅助及试点

财会类专业是通识类专业，传统的本科和高职教育就是通识的课程、业务、流程。我们想借助行业协会暨典型企业，参照行业工艺流程，由职业院校和会计学会双主体，制订行业会计规范业务，选择行业典型企业，在企业中试点，拿出来作为职业教学标准。由职业院校和会计学会双主体，配合行业协会建立行业会计资源库：如存货、固定资产、金融性交易资产等行业的差异性是重点建设项目。另外建立企业的产学研基地，由职业院校、会计学会、典型企业三方联动，对企业中的实际问题进行研讨，实现行业管理会计优化[①]。

2. 教育型企业（管理软件公司）——实训、实习的设计者

现在的教育型企业有用友、金蝶、SAP、智慧、网中网等在实训软件、管理软件、仿真实习软件方面做了多年的理论和实践研究，在双主体的规划下，由教育型企业完成实习基地的建设。

（四）第三层次“2211”——“一实体”暨注册会计师事务所（代理记账公司）

随着会计专业的行业会计规范业务的建立，越来越多的中小企业选择财务外包业务，财务外包业务可以细化为代理记账业务、报税业务、作业成本核算业务、管理会计优化业务等。这些专项财务外包业务由注册会计师事务所（代理记账公司）来实现，随着“互联网+”的发展及会计标准化的实现，财务外包业务越来越成为一种趋势，会计职业的外在发展和内在发展都促成会计专业培养的学生就业领域从传统的中小企业转化为财务外包公司。因此，须将注册会计师事务所（代理记账公司）引入学校的实践基地，发展为财务外包公司，以真实的财务外包公司作为实体来运营。

（五）第三层次“2211”——“一中心”暨财务共享中心

在“互联网+”时代，会计职业教育也要抓住历史机遇，引入注册会计师事务所（代理记账公司）进驻职业院校的实训基地，将职业院校建立成财务共享中心的基地，将“企业顶岗实习”搬到校内财务共享中心基地，实现学生在上学期间就可以入职。

---

① 沈华，汤金华．构建高职建工专业产教融合生态圈的研究 [J]. 职教通讯，2019（4）：25-29.

第三节　工程管理专业产教融合综合实践

本节针对建设工程管理专业校企合作与产教融合现状进行研究，从专业课程、师资队伍、实训基地、课堂教学、企业实践、毕业设计等六个方面，全面构建产教融合的体与校企合作保障体系。

一、建设工程管理专业产教融合与校企合作现状

建筑工程管理专业，以建筑工程管理为依托，培养具备管理学、经济学和工程技术的基本知识，掌握现代管理科学的理论、方法和手段的复合型人才。

高职院校从建筑工程管理专业“校企合作、产教融合”的改革要求来看，还没有建立相应的运行体系和长效机制，在推行校企合作人才培养模式的过程中，质量标准、校内外实践实习、课程建设、师资队伍等方面仍然存在着一些问题，仍需要进一步健全与完善。

（一）校企合作深度不足

校企合作主要局限于共建学生实习基地、订单式培养、顶岗实习等，合作模式比较单一，合作内容不够深入。尚未建立起合作的长效机制和约束机制，建筑工程企业缺乏动力和热情，高职院校没有制定出科学合理的校企合作方案。

（二）双师型队伍建设滞后

校企合作需要校企双方共建具有双师素质的高水平师资队伍，很多转型发展的地方高校已经采取多种措施开展双师型队伍建设，但现状不容乐观。很多地方高校刚从普通高校转为应用型高校，原来的高职学校老师以理论教学为主，对于实践应用型人才的培养工作缺乏系统的课程设计。企业导师虽然实践动手能力强，但多数理论功底不足。双师型队伍的薄弱严重制约了校企合作的深度和广度。

（三）保障体系缺失

建筑工程管理专业企业实习时间长，实习期间学生有效管理，高职院校老师和企业导师的职责分工，企业实习效果评价等问题还没有得到解决。在专业课程、师资队伍、实训基地、课堂教学、企业实训、毕业设计等方面缺乏与应用型人才培养相适应的质量标准和保障体系。

二、构建保障体系方案

（一）专业课程体系

改变以教师为中心的传统教学模式，建立以学生为中心的项目化教学模式。

课堂教学中采用“启发教学”和“讨论活动”，培养学生主动学习能力。在建筑工程管理专业课程考核时注重过程考核，增加“答辩论文”和“项目计划书”等不同学习方式①。

（二）导师培养模式

坚持产教融合，将校内导师和企业导师引入建筑工程管理专业人才培养过程中。完善双师教学资格认证和企业专业能力认证制度，为建筑工程专业培养高水平人才。

（三）实训基地

完善校内建筑工程管理实训基地教学运行模式，制订课内课外实训、技能竞赛、创新项目活动、假期实习等环节管理、考核细则。通过以小组形式组织的各种课内、课外专业技能训练活动，强化学生的职业意识，促进学生的职业素养和综合能力提升。

（四）课堂教学

高职院校需要主动对接建筑工程产业发展动态与演进，主动了解建筑企业的人才需求与能力要求，调整建筑工程专业教学内容，与企业深度合作重构课程体系，建立柔性教学管理体系，主动为企业提供技术服务。

（五）企业实践

与企业建立紧密合作关系，结合建筑工程管理学生的实际，依据岗位对专业人才技术、职业素养等方面的具体要求，制订企业人才培养的详细方案。在进行企业实践过程中，学生充分感受企业的氛围，提高职业素养。提前进行人才培养产业链与区域经济环境、企业人才需求相结合，深入论证、研究，确定标准化企业实践培养方案。

（六）毕业设计

针对建筑企业提出的研究课题，将企业导师技术优势与校内导师科研优势有机结合，学生深度参与，选择课题，进行毕业设计研究，完成论文答辩。

高职院校建筑工程管理专业，针对产教融合、校企合作下的教学质量管理体系中所存在的诸多不足和问题，尽快从专业课程、师资队伍、实训基地、课堂教学、企业实践、毕业设计等六个方面，全面构建产教融合的体与校企合作保障体系，提高建筑工程管理关注人才培养质量。

① 周绍梅．产业转型升级视角下职业教育产教融合的症结与破解[J]．教育与职业，2018（2）：8-14.

第四节　应用本科工程管理专业基于产教融合的实践课程建设

本节首先对应用型本科院校管理类专业产教融合的必要性进行了分析，然后提出了现阶段应用型本科院校管理类专业产教融合存在的问题，最后，阐述了应用型本科院校管理类专业实现产教融合的途径。

随着当今社会经济的高速发展，人才需求的多元化，使得各级高校都进入了扩招期，但就业形势却很严峻。在就业专业排行榜上，管理类专业就业排名靠后。一方面用人单位招不到满意的员工，另一方面大学生就业难。矛盾的关键点是高校人才培养没有与社会发展需求相结合，教和产脱钩。

应用型高校是指以应用型为办学定位，而不是以科研为办学定位的本科高等院校，以本科教育为主。应用型本科教育对于满足中国经济社会发展，对高层次应用型人才需要以及中国高等教育大众化进程起到了促进作用。因此，应用型本科院校管理类专业应该采用产教融合的人才培养模式。

一、应用型本科院校管理类专业产教融合的必要性分析

（一）政府的相关政策的支持

2017 年 12 月，国务院办公厅印发《意见》。提出深化产教融合，促进教育链、人才链与产业链、创新链有机衔接，是当前推进人力资源供给侧结构性改革的迫切要求，对新形势下全面提高教育质量、扩大就业创业、推进经济转型升级、培育经济发展新动能具有重要意义。

（二）有利于提高高校毕业生就业率

应用型本科院校产教融合为学生提供了必要的实习条件和难得的锻炼机会。在管理实践中，学生会在老师的带领、指导下，把学到的书本知识运用到实践中，从而加深对知识的理解，增强应用知识和解决实际问题的能力。不仅如此，产教结合还会激发学生的创造、创新的愿望和热情，激励他们在实践中不断探索，不断创新，而这种创新意识、创新能力、创新人才的培养正是应用型本科的办学方向。

（三）有利于培养“双师型”教师队伍

目前应用型高校的老师大多是从高校毕业直接进入高校工作的，他们专业水平高，理论知识丰富，但缺点是知识应用能力不强，实际操作水平不高，这也极大地影响了教学质

量的提高。应用型高校产教融合为广大教师，特别是专业课教师参加实践、提高实际工作的能力提供了条件和机会，而且在实际工作中，教师把理论知识与生产实践相结合，把教学与科研相结合，这有利于提高自身业务素质和教学的质量，对应用型本科院校建立“双师型”师资队伍有着十分重要的意义[①]。

（四）管理类专业发展的需要

管理类与工科类专业相比，专业覆盖面广、跨度大。因此针对管理类专业所开设的课程理论性比较强，学科密集性比较低，相关的实训课程较少。而应用型本科院校专业重点是培养应用型人才，要求学生具有良好的综合素质，熟练掌握企业管理的理论和实践。在产教融合模式下，企业能够参与到管理类专业教学环节，从而确保理论与实践的融合。

二、应用型本科院校管理类专业产教融合存在的问题

（一）企业内驱力不强

企业面临激烈的市场竞争，具有生存紧迫感，因此，浮躁、急功近利的思想较为严重。有些企业认为，与高校进行产学研合作会无形增加企业运营成本，同时企业也难以承受学生实习安全风险，在这样的背景下，校企合作多流于形式，缺乏长期保障与规划，不具备可持续发展性。

（二）专业建设不可持续

虽然也是以行业为导向进行专业建设，但因为企业参与度不足、教育者对行业缺乏深入的认识，专业预见性不足，教育改革决心不足，学校并未真正按照行业发展趋势进行专业建设，仅仅通过改良难以形成可持续发展。

（三）产教融合流于形式

此阶段，围绕产教融合实训基地展开校企合作、专业建设、学生实训、实习就业等一系列活动，仅仅针对分散的多个教育要素，缺乏将行业、高校、企业资源整合联系的平台化思维，并未实现真正的产教融合。

（四）管理类专业自身特点的制约

管理类专业与工科类专业相比，有其自身特点，首先，部分专业行业背景较模糊，合作企业难寻找。其次管理类专业学生实习岗位大都不确定，职业技能难描述。最后，管理类专业覆盖面广、跨度大，实习实训资源难共享。

---

① 李玉芬. 新时代职业教育产教融合生态圈的建构[J]. 教育与职业，2018（20）：19-25.

三、应用型本科院校管理类专业产教融合的途径

（一）政府出台政策鼓励企业与高校合作

坚持准入条件透明化、审批范围最小化。深化“引企入教”改革，支持引导企业深度参与职业学校、高等学校教育教学改革。支持校企合作开展生产性实习实训，鼓励企业直接接收学生实习实训。以企业为主体推进协同创新和成果转化，加快基础研究成果向产业技术转化。发挥骨干企业的引领作用，带动中小企业参与。健全学生到企业实习实训制度等，推动企业多种形式参与办学，支持企业需求融入人才培养，由人才“供给—需求”单向链条，转向“供给—需求—供给”闭环反馈，促进企业需求侧和教育供给侧要素全方位融合。

（二）加强管理类专业的持续建设

管理类专业在课程设置中，实践性教学课时不少于总课时的50%。健全应用型人才分类培养体系，为学生提供多样化成长路径。大力支持应用型本科专业建设，提高应用型人才培养比重。积极探索产业教师（导师）特设岗位计划。推进高校人才引机制改革，逐步提高招收有工作实践经历人员的比例。

（三）实施高校与企业深度合作

推进学校和企业联盟、与行业联合、同园区联结，将教育优先、人才先行融入各项政策统筹职业教育与区域发展布局，引导职业教育资源逐步向产业和人口集聚区集中；促进高等教育融入国家创新体系和新型城镇化建设；建立紧密对接产业链、创新链的学科专业体系，大力支持管理类专业建设；健全需求导向的人才培养结构调整机制，强化就业市场对人才供给的有效调节，严格实行专业预警和退出机制。

（四）突破专业界限，打造适应新业态的专业群

管理类专业要深化产教融合，必须突破专业制约，把握专业的规模、结构与区域经济结构的匹配程度，提高专业设置的针对性和科学性。以“互联网+”、创新创业为驱动，在现有专业基础上，积极打造一批适应新业态、新模式、新技术的专业群[①]。

① 徐晓菁．高职院校“产教融合”生态圈构建[J]．教育与职业，2018（12）：51-54.

第五节 动画专业“项目促进式”产教融合实践教学问题探究

本节结合新时期高等教育动画专业应用型人才培养现状，从师资队伍建设、专业结构、授课方式、保障体系构建几个方面的问题出发，为动画专业“项目促进式”产教融合实践教学新体系的构建提供解决思路及对策。

20世纪90年代后，我国动画产业的发展受到政府高度重视，关注和扶持力度不断加大。高等教育对动画专业“项目促进式”产教融合实践教学的探索，打破了以传统课堂理论为主的教学模式，为应用型人才培养起到了举足轻重的作用。随着科学技术的快速发展，以新环境、新模式为特点的新经济蓬勃发展，产业结构深度调整，引发动画行业对人才培养质量、规模、结构的深层次需求。高等教育动画专业产教融合“项目促进式”的实践教学随之暴露出诸多新问题，阻碍了动画专业产教融合实践教学活动的深入开展，应用型人才培养效果不够理想。因此，需要创新推进产教融合实践教学“新理念”，构建新兴和传统相结合的学科专业“新结构”，补充开放式、产业化的实践课程“新内容”，打造具有市场活力的实践教育“新品质”，培养大批胜任产业发展需求的应用型“新人才”，实现我国从动画教育大国走向动画教育强国。

一、现行实践教学存在的新问题及其原因

（一）师资队伍建设理念偏狭

过去几年，应用型高校着力从制度层面解决教师队伍建设重理论水平、轻实践能力的问题，鼓励教师积极参与“项目促进式”产教融合实践教学，将学术转换为技术、用技术实现为作品，提高项目实践能力和教学水平。一部动画作品从前期、中期到后期的完成，往往需要几十甚至上百名工作者的辛勤付出。目前，大部分院校动画专业教师数量基本控制在5~10个，仅靠在校教师无法完成高水平项目，与企业、院所进行产教融合成为趋势。产教融合实践教学的出发点是要求教师、学生共同参与项目，由教师亲自制作并示范，带领学生逐步融入项目，才能提高现场解决问题的综合能力。但现阶段，项目产教融合受制于校企各方目标诉求、管理、人事制度的差异，不能解决好教师参与项目过程中教学任务分解和合作培养学生的问题。由于学生数量较多、项目初期教师精力有限，仅靠一两个教师来协调、管理和跟进指导是无法兼顾好项目制作的[①]。教师队伍研究方向单一、任务分解不明，自然会影响项目进度，使合作流于形式。

① 国务院办公厅关于深化产教融合的若干意见[EB/OL].http://www.gov.cn/zhengce/content/2017-12/19/content_5248564.htm.

（二）专业结构倾于粗放

进入21世纪以来，国家发布了一系列倾向性政策来鼓励本土动画产业及教育的发展。据教育部阳光高考信息平台数据统计，到2015年开设动画专业的本科高校数量接近350所，全国超过三分之一的本科院校开设了这一专业。现在的动画专业涉及数字媒体、虚拟交互、智能制造与生物医学等在内的新学科、新技术，动画表现类型更多样、制作流程更细化。由此产生的问题是：地方多数高校特别是综合性院校，动画专业的建设缺乏对市场人才能力需求的跟进调研和对培养目标的科学定位，仍沿用传统大而全的思路，院校之间缺乏特色专业建设和差异化培养的意识。专业结构粗放，产教融合课程体系建设跟不上动画市场产业发展的节奏，人才培养与社会需求脱轨，造成学生学艺不精、就业形势不容乐观。

（三）授课方式比较传统

近年来，在国家政策的引导下大部分高校开始重视应用型人才的培养，产教融合项目实践教学的内容也被纳入动画专业人才培养方案的修订中。在这种被动式改革中，一方面很多院校产教融合的授课形势依然局限在校园，实践环节比例明显不足。从基础理论到软件课程再到项目实践的传统流程，实际上割裂了课堂理论和实践训练之间的知识互联，理论课枯燥无味、软件课训练作品幼稚、理论与实践结合的应用效果得不到验证，学生学习的积极性不高。另一方面企业动画项目制作是一种市场化的经济行为，承接和结项都具有偶然性、时限性的特点。在这种环境下开展项目实践教学活动，经常出现的矛盾就是即使提前安排好了实践教学课的内容和时间，而到实际授课阶段则不一定有动画项目，或者临时执行的项目与课程教学计划内容关联性不大；一旦企业有“示范性”好的动画项目，需要老师、学生去参加实践，却又和已安排课程有冲突。总体来说，现阶段动画专业产教融合实践教学授课计划与执行的灵活性和应变性不足。

（四）保障体系形式化严重

保障体系是产教融合实践教学不可忽视的后盾，其任务是督促和保证项目在一定时期内稳定、有序地开展，保障体系的建立总体上要遵守国家法律、法规和政策，严格规范合作各方行为；在细节上要明晰责权利，使产教合作有章可循、有据可依，从而为项目合作各方提供物质和精神条件保障的机制。主要包括衡量项目实践效果的考评标准，以及基于冲突化解、动机迎合与合作资源优化配置方面的奖惩制度等。

目前，我国高等院校产教融合教学保障体系的框架基本形成，但因为专业多、跨度大、管理难度高等特点，在现实操作中并没能真正结合专业属性来分类量化，特别是在一些综合性院校的情况更为突出。支撑项目运作的考评细则、奖惩制度大同小异，与专业契合度不高。考评细则与奖惩制度脱节，未能对具体管理、执行和参与者形成约束和激励。真正有能力的教师、有条件的企业参与不了项目，或参与项目后得不到应有的奖励，但个别缺乏教育责任意识的企业和专家则甚至利用政策套取政府补贴。

二、动画专业“项目促进式”实践教学可持续发展的建议

（一）教师队伍建设思路还需要进一步开放

2016年，中共中央办公厅、国务院办公厅文件《关于实行以增加知识价值为导向分配政策的若干意见》明确指出“允许科研人员和教师依法依规适度兼职兼薪，包括允许科研人员从事兼职工作获得合法收入和允许高校教师从事多点教学获得合法收入”，其目的是打破传统教育体制壁垒，重视人才利用、鼓励知识价值转化。因此，动画专业产教融合实践教学的教师队伍建设思路还可以更开阔一点，紧密围绕项目制作和人才培养，积极探索灵活的人才聘任、流动、奖惩的管理机制，实现人才的多元补充和协同合作。推进行业专业人才库建设，集合高等学校与科研院所、相关企业等精尖人才专业能力强的优势，共建具有创新力、凝聚力的高水平教师队伍，提升大型动画项目的攻关能力。在产教融合项目实践中，探索多导师负责制，化解教学师生比压力；明确教师合作、分工细则，根据专业特长和项目负责内容，在特定时间段轮流教学、跟进辅导，优化教学过程①。

在“项目促进式”实践教学活动中同样强调教师之间遵循创作、教学的共同决策原则和融洽相处、坦诚相见的合作精神，多考虑如何为学生创造学习、就业机会。

（二）专业结构要及时做出调整

新时期动画专业的实践性、创新性、复合型的专业特点更加突出，专业群的建立是今后动画专业设置和结构调整的必然趋势。高等院校要提高对新兴产业、职业、工作岗位的反应灵敏度，及时进行就业率水平调研和产业人才需求预测，结合地方经济发展和学校办学特色来调整专业方向的设置和发展规划。对缺乏“生命力”的专业，要敢于割爱、勇于割舍。集中全力发展特色专业，尽快搭建与行业发展相适应的专业群。在专业群建设的框架下，细化专业标准体系，拓宽专业方向，发展边缘和交叉学科以及其他面向市场的专业方向。只有专业发展有活力，才能进一步推动实践教学与市场的无缝对接，培养出符合动画产业需要的应用型人才。

另外，国家招生录取政策须尽快全面改革，从考生对“院校”的选择转变为对“专业”的选择，淘汰就业率不高、没有特色的专业，“倒逼”高等院校优化专业结构布局。高校要主动出击，抓住机遇，迎接挑战。地方政府要加强顶层设计，通过对高校转型发展的政策引导和宏观指导，筛选条件好的高校发展动画特色专业，合理配置教学资源，避免重复建设。

（三）授课方式须根据项目实践形式灵活执行

高等教育以为行业培养可用、好用的人才为目的。企业要做好主动承担产业人才培养的责任和义务，为高等院校人才培养方案的制定和课程体系的构建建言献策。根据专业人才能力的需求，将课程内容细化为不同学分的能力子模块。在产教融合实践教学过程中，

① 吴鼎福．教育生态学刍议[J]．南京师范大学学报：社会科学版，1988（3）：33–37.

按照动画项目类型、难易度和知识密集等特点，由教学部门和教师共同商议选择动画课程子模块的灵活植入，允许由一个和多个导师带领学生共同完成课程进度。指导教师结合课程模块，要求和引导学生思路先行，依据已掌握和即将学习的新专业知识，共同讨论、制定并实践项目方案。通过不同方案实施效果的比对和教师的指正，学生可以切实领会实际项目问题解决的方式、方法，学生独立学习能力、创作能力和与他人共同实践的合作能力等得到全面训练和提高。

动画专业产教融合教学模式的深入开展必须打破按部就班的课程模式，树立把项目贯穿于学生学习全过程的教学观，尽早全面地接触、融入项目，不必再等到基础课程学完了才去了解项目。只有理论内容和实践训练即时同步融合、相互印证的情况下，教才不会单调，学也不会枯燥，这种模式更符合应用型人才培养的特点。形成学校和社会、企业结合的大课堂，实现教师带领学生走进企业、公司真正搞动画、做项目，提升产教合作能力，让创作的作品成为市场上的商品，有助于锻炼和提高师生的专业综合创作实践能力和素养，从根本上实现动画项目产教融合实践教学改革的目标。

（四）保障体系的完善重在做好分类量化

在国际化合作的背景下，有些高校保障体系的建立向西方国家“看齐”，主要有自主式、控制式、市场式和合作式四种模式。但无论哪种模式，都不应直接照搬和全盘吸收。我们要学习和借鉴的是其促进产教融合实践教育教学深入、有效开展的理念，实现以质为重、力求实效的综合保障体系。

动画专业产教融合实践教学保障体系改革最重要的是如何做到体系标准的进一步细化、分类量化，从专业特征出发实现考评机制和激励政策联动结合，建立公正、公平的制度，做到精、准、细，接地气。不同院校可以有不同的做法，但一定要兼顾直接参与者的利益，特别是要将师生的贡献纳入各自评优、工作量核算、职称评定等奖励规则中。2017年教育部等五部门出台了《关于深化高等教育领域简政放权放管结合优化服务改革的若干意见》，要求“各地各部门要立足我国基本国情教情，综合考虑不同地区和高校实际，抓紧细化高校人员总量、职称、薪酬等方面改革的试点或落实办法，大力推进改革进程。各高校要及时制定实施细则，向院系放权，向研发团队和领军人物放权，确保各项改革措施落到实处”。这是新时期动画专业产教融合实践教学保障体系构建的风向标、新契机，只有破除束缚实践教学发展的机制障碍，才能调动广大师生的积极性、主动性，形成人人重视项目、人人参与项目的实践教学氛围。

“项目促进式”产教融合实践教学活动在过去一定时期对动画专业应用型人才培养起到了助推作用，但我们不能因此而故步自封、停滞不前。正如习总书记指示，“我们对高等教育的需要比以往任何时候都更加迫切，对科学知识和卓越人才的渴求比以往任何时候都更加强烈”①。高等教育改革要紧跟时代发展步伐，培养能够满足产业需求的人才。在产教融合项目实践教学中，专业是方向，课程是核心，教师是主导，政策和制度是保障。只

① 任凯，白燕．教育生态学 [M]. 沈阳：辽宁教育出版社，1992.

有处理好这四位一体的新问题，深度开展项目实践教学，才能切实提高应用型人才教育教学质量。

第六节　职业教育精准扶贫：深度贫困区的产教融合与实践效能

精准扶贫是新时代的要求，职业教育与区域协同发展是产业扶贫升级的关键。一方面，职业教育扶贫进行职业素养和技能培养，提升贫困人口的自身价值；另一方面，产业扶贫为贫困人口技能致富提供职业保障。因此，将两者有机结合是贫困人口脱贫致富的根本方式。然而，产业扶贫与职业教育扶贫创新合作机制不完善、贫困人口致富内生动力不强、脱贫—返贫恶性循环等问题长期存在。基于此，以三峡库区为例，探究职业教育扶贫与产业扶贫有机结合必要性以及产教融合实践效能，为库区精准扶贫提供理论支持。

消除贫困是世界性难题，联合国在 1992 年 12 月 22 日会议上通过 47/196 决议，将每年的 10 月 17 日定为国际消除贫困日，用以唤起世界各国对因制裁各种歧视与财富集中化引致的全球贫富悬殊族群、国家与社会阶层的注意、检讨与援助。国务院于 2014 年将 10 月 17 日设为国家扶贫日。消除贫困也是党和国家一直关心的国计民生问题。十八大以来，特别是习近平总书记 2013 年 11 月在湘西考察时首次提出“分类指导，精准扶贫”指导思想，党中央高度重视精准扶贫开发工作，并要求到 2020 年实现贫困人口全部脱贫的任务。《中国农村扶贫开发纲要（2011—2020 年）》指出三峡库区属于全国 11 个集中连片特殊困难地区之一。三峡库区地处武陵山区和秦巴山区交汇处，经济基础条件较差，产业空心化严重。在该区域生活的人们的思想、观念落后，文化水平整体偏低，劳动者职业素质较差等，造成其社会竞争力差，缺乏摆脱“贫困陷阱”的职业技能，甚至出现贫困代际传递现象。国务院扶贫办统计数据显示，西部贫困地区教育事业的发展水平和贫困家庭子女受教育程度，都明显低于全国平均水平，据调查，22.3% 的家庭因缺少职业技能而无法摆脱贫困。可见，“扶贫先扶智，扶智办教育”成为扶贫脱贫的重要方式和阻断代际传递贫困的重要手段，特别是职业教育。职业教育扶贫是路径，产业扶贫是关键，职业教育从“育人”角度授之以渔，产业扶贫是从脱贫致富角度授之以“鱼塘”，将两者有机结合扶贫是贫困人口“拔穷根、挪穷窝”的有效路径。然而，当前职业教育精准扶贫的研究多集中于职业教育过程化研究，尚鲜有将职业教育精准扶贫与产业扶贫结合起来研究。因此，本节从职业教育与产业对接的视角，在原有学者研究基础上，以三峡库区为例，探索职业教育与产业对接实施路径以及实践效能。

一、职业教育与产业对接是深度贫困区精准脱贫的有效路径和实践保障

职业教育扶贫与产业扶贫的逻辑起点都是一样的，它们的目的是让深度贫困区精准脱贫。两者之间相辅相成，职业教育为产业扶贫提供智力支撑和技术支持，而产业扶贫又为教育扶贫提供就业岗位和实践实训基地。产教融合是职业教育的典型特征，职业院校的办学宗旨是以市场需求为导向，其落脚地是服务学生，向本地输送所需的技术技能人才是其发展的永恒主题。区域经济发展的核心是对各类人才的需求，技术技能人才也是人才的重要构成。职业教育与产业对接对政府来说，是深度贫困区经济发展的起跑器；对职业院校而言，是为深度贫困区培养适应地方需求的技术技能型人才，增强贫困区的造血功能；对深度贫困区的产业或企业而言，是获取实用性、技能型、复合型人才的捷径。

（一）职业教育为深度贫困区农业产业扶贫提供人才保障

三峡库区是长江中上游生态脆弱保护区和生态屏障区，也是国家民族连片贫困区。而库区又是百万移民发生地，移民、贫困、生态、经济、社会等问题多重叠加，扶贫攻坚问题比较艰巨。库区又是农业产粮大区。可见，农业产业扶贫在库区脱贫致富中尤为关键。农业产业扶贫的重中之重是人才，特别是农业产业技术人才。《中共中央国务院关于深入推进农业供给侧结构性改革加快培育农业农村发展新动能的若干意见》指出，大力开发农村人力资源，为农业产业化发展提供人才保障。《国家中长期教育改革和发展规划纲要（2010—2020年）》指出，发展职业教育是“推动经济发展、促进就业、改善民生、解决‘三农’问题的重要途径。”可见，职业教育是关注“穷人”的民生教育，职业教育的本质是平民化教育，这与教育扶贫不谋而合[①]。而《现代职业教育体系建设规划（2014—2020年）》指出，强化职业教育服务产业导向，将服务网络延伸到村庄、合作社、农场、农业企业。由此而知，职业教育可为区域农业产业发展提供智力保障。

（二）职业教育与农业产业融合是深度贫困区“拔穷根”的有效路径

产教融合、校企合作是职业教育人才培养的核心，已在十九大报告中明确提出。在“互联网+”、大数据、智能制造、物联网等现代科技的影响下，在扶贫制度的推动下，职业教育与库区农业产业融合发展是必然趋势，符合贫困地区的农业产业发展需要。农业是贫困地区的基础产业和民生产业，是贫困人口赖以生存的基础。在精准扶贫国家战略下，产业扶贫承担贫困人口的“造血”功能。可见，农业产业发展在贫困地区承担脱贫致富的功能。

目前，库区正处于传统农业向现代农业转型期，急需具有现代科学技术的劳动者，而库区贫困人口作为参与库区产业发展的劳动者和建设者，通过职业教育“赋能”，帮扶库区贫困人口“摘穷帽”。可见，产教融合使得职业教育技术赋能“接地气、落得实”，特别是涉农职业院校与库区农业产业融合，一方面，涉农职业院校深耕农业，服务农业，为库区现代农业培养符合需要的专业技术人员，打通贫困学生成功成才的路径；另一方面，涉

① 王忠武．当代中国社会发展方法论[M].济南：山东人民出版社，2005.

农职业院校延伸社会服务，为库区产业发展提供技术、咨询、培训等，提升库区贫困人口职业素养和社会资本，从而提升贫困人口自身营生能力。

（三）“产教融合”是职业教育精准脱贫的实践保障

陶行知先生强调“职业以生利为作用，故职业教育应以生利为主义”。“生利主义”就是生产出有利于社会的物质财富，培养出服务于社会的职业技能。可见，职业教育是知行合一的教育，具有较强实践性和社会性。在库区精准扶贫工作中，库区职业教育面向库区经济办学，主动实施产教融合，可以实现多方联动，形成职业院校专业对接产业、教学过程对接生产过程，满足贫困人口脱贫的多层次、多样性的需求。一方面，职业教育可以通过政、校、行、企的有效合作，从招生、奖助学金、减免等方面帮助库区贫困子女完成学业，增强自我营生能力，“就业一个人，致富一个家庭”。另一方面，库区各级各类职业院校，通过产教融合，专业对接产业，健全社会化服务体系，实现贫困户精准帮扶。如，移民技能培训、新型农民培训、农业职业经理人培训、农村电子商务等技术技能培训，采用“菜单式”“分段式”等适应区域需求的模式，根据需求定培训，根据岗位要求定内容，根据新型职业农民学历层次定教学模式，实现“零距离对接式”的帮扶机制。这不仅可以解决库区农业产业急需的技术、咨询、管理、营销等问题，而且可以将新技术、新产品、新理念、新业态推向贫困户，帮助他们有效脱贫。

二、深度贫困区脱贫攻坚过程中存在的问题

（一）职业教育与产业对接体制机制不完善

深度贫困区政府在脱贫攻坚过程中，产业扶贫、教育扶贫孤立进行，缺乏统筹协调，政府没有把职业教育与产业对接作为深度贫困区的产业脱贫致富重要组成部分加以规划和统筹，使得专业与产业对接失去重要的平台与有效机制。在政府引导机制缺失的状态下，产业扶贫与职业教育扶贫互动性、深化性仅仅停留在面上。企业缺乏育人的积极性，其社会责任未得到履行，其对产教融合认知缺乏认识，趋利性太强；职业院校由于自身掌控的资源有限，主动融入、有效对接地方扶贫产业内生动力不够，职业教育扶贫与产业扶贫“两张皮”的问题依然存在。例如，据不完全统计，90% 的重庆市职业院校扶贫仅仅从减、免、补角度思考学生职业发展，而缺乏针对深度贫困区人口知识性、智力性输血，缺乏对深度贫困人口技术性、生产性改造，无法有效对接地方产业，进一步加大扶贫的难度。另外，大多数职业院校对深度扶贫和产教融合缺乏系统性认知，并未认识到职业教育产教融合在深度产业扶贫以及深度贫困区的社会发展中的重要性、紧迫性。由于认识的误区，导致某些职业院校在办学定位和顶层设计缺乏科学规划，如此一来，真正职业教育与产业共担扶贫政治角色可能流于形式，并未将深度贫困区的产教融合人才培养质量放在首位，使得产教融合长效机制难以保障。

（二）职业教育与深度贫困区的产业对接错位

职业教育发展与深度贫困地区产业发展的融合度较差，因为深度贫困地区一、二、三产业不够发达，很多地方还停留在小农经济模式。重庆市深度贫困区贫困户专项调研显示，深度贫困区的贫困户中经济收入中67.4%来源于农业，部分家庭经济收入来源于兼职外出务工。由此可见，产业发展是脱贫攻坚的关键，特别是农业产业发展在深度贫困区脱贫攻坚过程中具有决定性作用。在新零售、新商业、新农业的发展趋势下，人才特别是农业类专业人才是深度贫困区产业发展的关键。然而重庆涉农高职院校占重庆市高职院校比例不足5%。从重庆高职院校专业设置分析，涉农专业不足3%，由此可见，重庆高职院校专业布局与重庆现代农业发展不相符。另外从高职院校区域布局上分析，重庆深度贫困区主要分布在三峡库区和渝东南，而在深度贫困区职业院校较少。以渝东北核心城市万州为例，有5所高职院校，而与渝东北农业产业对接的高职院校仅有1所。从产业布局与专业对接角度分析，真正服务区域经济发展的专业人才更少，比如重庆万州玫瑰香橙产业15万亩，晚熟李子6万亩，柠檬种植在3个乡镇，而与之对应的高职院校专业仅仅有植物保护专业，缺乏专业延展性和产业区块链的复合性，导致高职院校产业链完整性存在短板，产业链与职业教育合作的广度、深度无从谈起。另外该专业的招生并不乐观，据不完全统计，每年招生量在30人左右，招生量少，又缺乏全产业链的专业化培养，学生的就业、实习和教育教学无法落地生根，教学质量无法保障，其与地方农业产业发展人才需求严重不相符。

（三）产业扶贫与职业教育融合的实践效能较差

产业扶贫是脱贫致富的重要方式。课题组在调研三峡库区贫困地区的产业扶贫政策时发现，在国家政策和扶贫资金的支持下，很多贫困户脱贫致富取得较好效果；一旦国家政策调整或取消，其经营行为陷入贫困或者亏损状态。例如，通过对三峡库区的农业经营主体贫困户从事家庭农场、参与农业专业合作社经营的深度调研，87%人认为政府补贴是其持续经营和扩大再生产的关键，其自主营生能力较差。可见，产业扶贫在贫困户缺乏自我营生能力和管理经营能力下，盲目依靠政策，往往陷入“政策扶贫陷阱”。职业教育扶贫在很多职业院校仅从教育教学角度对学生进行精准帮扶，而其社会服务仅从培训角度入手，其跨界融合度较低，职业教育扶贫的职能没有充分挖掘①。职业教育与产业扶贫融合度较低，特别是职业院校与地方政府、专业合作社、龙头农业企业等合作停留在浅层次，职业院校的利益诉求和地方产业利益诉求共性较少，在产业与专业、课程与岗位、职业与能力等方面的交集较低，政府、学校、企业实践融合度低，教师、学生与企业实践融合度更差。可见，职业教育扶贫与产业扶贫在地方扶贫过程中的效能将会大打折扣。

① 王为民，俞启定．产教融合“壁炉现象”探究：马克思主义企业理论的视角[J].教育研究，2014(7)：54-62.

三、职业教育对接库区产业发展实践效能

产业发展是“脱真贫”“真脱贫”良策。习近平总书记在安徽考察时强调“要脱贫更要致富，因地制宜发展产业是实现脱贫的根本之策”，他还指出建立从“输血”向“造血”功能转变，建立健全长效稳定脱贫机制。可见，脱贫致富靠产业，产业发展靠人才。因此，库区产业扶贫的关键在人，打造一支“不走的扶贫工作队”，才能从根源上解决脱贫及返贫问题。库区贫困人口实现自我发展是“真脱贫、脱真贫”的根本，要把扶贫与扶志、扶贫与扶智相结合，激发贫困人口内生性原动力。产教融合是库区产业扶贫与教育扶智有机结合的产物，职业教育又是产教融合的典范。因此，加大产教融合力度，将脱贫方式从治标转向治本，从而为库区赢得脱贫攻坚战提供有效方式。

（一）精准聚焦：政、校、企联动，构建产教融合扶贫框架

产教融合的目的是合作育人、合作就业、合作发展。库区实施产教融合，一方面可以对接地方产业，为地方产业发展提供技术、人才支撑；另一方面也为职业院校毕业生提供实践基地和就业岗位。由此分析，产教融合基地既为库区产业扶贫提供人才、技术，同时也是职业教育精准扶贫的“造血”基地。产教融合是多方搭建的合作机制，需搭建政、校、企“三方联动”模式，实现优势互补，优化资源配置。通过政府牵头、校企融合，可以打造精准指导、精准培训、精准实施的产教融合平台，可实现区域农业产业人才精准培养、农业技术精准推广、农业产品精准营销的产教融合的共享机制。新常态下，进一步发挥政府主导和行业指导的功能，在产教融合体制机制改革过程中，政府应加大高职教育产教融合、校企合作力度，明确政府、企业、学校在产教融合过程中的权利和义务。例如，重庆三峡职业学院与巫溪县政府签订的县校合作模式。巫溪县政府牵头，以扶贫产业食用菌、脐橙、长江旅游产业为载体，以中高职衔接为抓手，以新型农民职业培训为重点，形成政、校、企联动的利益机制。同时巫溪县还出台了一系列经济政策，激发企业参与校企合作的积极性。在共赢共建合作理念指导下，在政府主导下，高职院校、地方产业、企业等合作主体加强沟通，组建了产教融合管理机构，常驻巫溪县政府下属发展改革办公室，并建立了一套运行管理制度，为产教融合、校企合作提供制度保障。另外，巫溪县将与重庆三峡职业学院产教融合纳入其产业发展规划，并融入中高职衔接的职业教育体系中，有效解决了巫溪县产业技术人才的精准培养。在此基础上，职业院校借助学科优势，科学评估区域农业产业资源，进行产业精准定位、精准发力、精准培养、精准实施，形成区域特色优质特色产业，并将产业扶贫深度化、职业教育扶贫精准化，使得贫困户产业致富有效化。

（二）精准对接：库区产业对接专业，实现产业精准帮扶

职业院校专业设置是适应区域经济发展需求，引导专业服务地方产业发展的一个价值尺度。高职院校主动适应、灵活适应地方产业发展是职业院校一项动态工作。职业院校与地方产业精准对接的落脚点是专业对接。比如，重庆三峡职业学院依托建立的农林系、动

科系、经贸系、信科系、古红桔研究所、食用菌研究所、现代农业技术推广中心等与库区产业发展实现专业对接，开展农业技术、管理、销售等方面的专业化服务。学院与巫溪区县对接，完成了承担应用技术项目研究12项，其中承担的三峡移民后期扶持基金项目《优质林果蔬菜种苗脱毒快繁基地建设》发展了优质脱毒林果蔬菜5000余亩，移民间接受益近6000万元；与乡镇开展专业对接产业，依托农林专业启动了3个贫困移民乡镇的猕猴桃、核桃、香菇、黄花、水稻、薯类淀粉加工等项目15个，为贫困人口、移民发放技术资料3000余份，同时开展乡镇产业基地的技术服务，仅开展的猕猴桃溃疡病防治技术服务，就为库区移民挽回经济效益近1000万元。

（三）精准培养：创新学历教育模式，提升个人"造血"能力

全面贯彻落实党的十九大精神，按照党中央、国务院决策部署，把提高劳动者素质作为今后一个时期扶贫攻坚的关键，按照"科教兴农、人才强农"的战略要求，牢固树立农业是扶贫的基础，统一意识，统一思想，坚持以"关注贫困人口，产教融合、注重实效、持续改进"为方向，以"精准扶贫"为主线，以"职业教育"为重点，培育库区特色效益农业产业接班人，激活库区贫困人口的活力，提高其创富的能力，使之成为深化农村改革、促进库区脱贫攻坚的有效方式。以重庆三峡职业学院为例，该院将精准扶贫和移民后扶有机地结合起来，定位实施精准扶贫，创造性地构建了"进得来、读得起、学得好、业得就、富得致"的"五得"模式，并取得了较好的绩效。要有效实施"五得"贫困人口扶贫模式，还需要很多保障，需要政策支持，特别是"进得来"和"读得起"①。首先，重庆三峡职业学院在重庆市内"单独招生"计划中首次提出指标切块，目的是确保库区移民贫困学生"进得来"。其次，学院科学引导政府政策扶持，确保学生"读得起"。重庆市财政局、移民局、重庆市教委联合下发了《关于资助三峡移民和三峡库区生态屏障区转移人口就读高职学院的通知》（渝教财〔2013〕73号文件），使全体移民学生都能顺利完成学业，学到一技之长，实现稳定就业。再次，深化产教融合、校企合作，促使高等职业教育人才培养模式改革，成为学院发展重中之重。学院主动深入推进专业服务产业发展能力建设项目，深化产教融合，实现产业对接专业、职业对接课程。最后，"乐得业，富得致"。库区农业产业成为学院实习、实训大后方，提升学生农业职业技能试验场，如畜牧兽医、农机、植保、园林、园艺、电商等专业的不少贫困学生毕业后创办了自己的企业，如养殖场、葡萄园、家庭农场、动物医院等，牵头组建农业专业合作社等。该院学生直接服务库区农业产业，扎根农业，成为农村贫困人口脱贫致富的"先头兵"。

另外，学院重视社会服务能力和技术技能推广。学院以校内人社部职业指导教学训练实验基地、重庆农机高端应用人才星火计划培养基地、重庆市三峡库区移民劳动技能培训基地、万州区农村劳动力转移培训基地、万州区农业职业经理人培训基地、重庆市农村电子商务培训基地等为依托，积极响应"扶贫攻坚"号召，主动开展农民技能培训，完成各

① 冉义明，洪诗鸿，唐晓萍.用合作博弈论探究建立产教融合职业教育体制[J].中国成人教育，2011（19）：86-88.

类移民培训 15 461 人次，其中技术培训 13 916 人次，劳动力转移培训 1 545 名，农民技能培训后再就业率为 85.6%，为实现库区百姓创富增收提供了强大的智力支持和技术支撑。

第七节　基于产教融合的实践资源共享平台构建

为解决当前电力系统自动化专业群实践教学资源短缺、实践资源分布不均衡的难题，在产教融合的理念指导下，构建电力系统自动化专业群实践资源共享平台，对实践资源共享平台运行机制和建设内容进行探索，希望为职业教育的发展提供有益借鉴。

电力系统自动化专业群由于实践设备资金投入大、缺乏与企业深度融合等原因，出现了实践教学资源短缺、实践资源分布不均衡等问题，制约了该专业群的发展。基于此，在产教融合的理念指导下，构建电力系统自动化专业群实践资源共享平台，利用学校的优秀教师对企业的优质实践资源进行整合，将组合优化后的实践资源用于实践教学，在满足学校教学需要和企业员工培训需要的基础上，通过市场运作的方式，将自身优质资源与其他院校及企业共享，弥补彼此资源的短缺，实现资源效益最大化，促进了校际校企共同发展。

一、资源共享平台运行机制

（一）树立资源共享意识

校企双方是推行实践资源共享的主要力量，双方的领导要意识到资源共享可以充分发挥双方的资源优势，实现优势互补，不能将校企的优质资源视作私有财产而加以封闭保护；通过资源共享，学校和企业实现了深层次的双向交流，学校可以利用共享平台进行教学，企业可以利用共享平台进行员工培训，实现校企教培互惠，人才共育，通过资源共享可以提高校企优质资源的利用率，避免浪费。

（二）建立实践资源共享保障机制

实践资源共享的实现难点在于建立校企、校校之间实践教学资源的协同共享保障机制。为了使资源共享能够顺利实现及持久化，首先，开拓实践教学资源的来源渠道，通过校企共建、设立校企基金、企业投资、校友捐赠等形式丰富的实践教学资源，突破教育经费短缺的难题；其次，改革教育资源的所有制制度，把资源的使用权和所有权进行分离，扩大资源使用面，实现校企和校校之间资源共建、深度共享；最后，建立和完善资源有偿共享机制，按市场规律进行资源共享，制定规范的资源收费标准，合理分配参与共享的校企双方权益，激发校企双方参与资源共享的主动性与积极性，促进资源共享的良性循环，同时建立收费监督机制，确保合理收费。

（三）建立共享联盟，创新资源共享方式

建立资源共享联盟，以联盟为基础进行实践资源共享统筹规划协调运作，采取多种方式进行资源共享，例如，建立校中厂、厂中校、利用“互联网 +”技术实现远程教学等方式，突破传统的校企、校校之间点对点的实践教学资源共享方式，满足实践教学资源需要①。通过资源共享联盟，有效统筹协调闲置的实践教学资源，在企业生产淡季实践资源充足时，学校适当调整课程教学进程，解决传统学校只能阶段性地利用企业资源的状况，各院校之间也可以采用“团购”的方式使用企业闲置资源，分时段使用企业资源，提高企业资源利用率，将实践资源共享由“点”状联合体向“线”状联合体转变。此外，充分利用“互联网 +”技术，加强共享云平台的建设，将生产现场引入课堂教学，“让学生能够感受企业一线的企业文化及先进技术”，互补现场教学时空的制约，解决实践教学过程中由于现场专家分布在全国各地难以经常长途奔波到学校开展实践教学工作，电力技术发展速度太快而更换教学设备费用太高等难题。

二、电力系统自动化专业群实践资源共享平台建设

（一）建设产教融合、共享型校内生产性实训基地

通过政府投资、学院自筹、企业资助等多种形式筹措资金，按照“实境化、生产性、多功能、开放式”的原则，吸引行业企业共建校中厂，实现区域资源共享，减少设备设施的重复投入，节约建设资金和管理费用，满足职业教育教学、职业技能鉴定、高新技术研发与推广、职业岗位培训、企业生产的要求。根据电力工业的特点，按照国家电力行业的标准和南方电网企业的标准，联合多家企业通力合作，建成融教学、培训、生产、技术服务、技能鉴定于一体的共享型电力技术综合实训基地，对兄弟院校具有一定程度的带动作用，健全社会技能考核鉴定的共享平台，更好地为地方经济服务。建成校内电力系统自动化专业群实践教学场所占地 1 万多平方米，实验实训设备实际投入 2000 多万元。全物理仿真的校内实训基地包括：电力技术实训基地、电站变电站综合自动化实训基地、供配电技术应用实训基地、电气应用技术实训基地、电气仿真实训基地等，建设了风光互补电站、智能微电网，以跟踪电力技术发展前沿，满足发电—输变电—配供用电等电力生产全环节的教学和实践要求，具有“真设备、真管理、仿真运行”的特点，同时引入工作现场管理和企业文化，营造真实的生产氛围，将技术技能训练和综合素质培养融为一体，开发出更多、更好的基于真实电业工作过程的综合实训项目。完善的校内实践条件进一步促进了校企合作、专业课程项目化改造和师资队伍实践能力提升，以及专业服务产业能力的提高，形成良性循环，实现专业的可持续发展。

在完成实训基地硬件建设的基础上，运用“互联网 +”技术将实训基地改造成为开放性的资源共享型实训基地，建设专用实训基地服务器，利用 VPN+L2Tp+IpSEC 技术，创

① 王秦，李慧凤.基于合作博弈的产教融合长效机制构建[J].中国职业技术教育，2014（36）：24–29.

建了一个远程开放的实训环境，使学生可以在课余时间使用网络实训室的设备，使用实践平台提供的实践项目指导资料，可以完成专业技术学习和技能训练，突破了传统实践教学受到实训设备、时间、师资和地点等的限制。

（二）校企共建校外实践基地，促进人才培养与生产实践相融合

进一步深化校外实训基地的教学功能，在巩固现有校外实习基地的基础上，继续优选品牌企业作为实践基地，按照“行企为主、学校参与、共建双赢”的指导思想，拓展校外实践基地，构建校外实践基地运行机制，实现校企深度融合。与不同类型的电力企业包括水力发电厂、火电厂、新能源公司、供电公司、电力安装建设公司等企业签订合作协议，建立校外实践基地，满足学生工学交替、顶岗实习、教师企业顶岗锻炼的需要，促进教学过程对接生产过程，在部分校外实训基地建立厂中校，设立教学区、讨论区、设计工作区及设备操作区，校企双方结合轮岗实训和顶岗实习合作开发实训项目，合作开展课程建设，共同进行师资队伍培养，将校内教学向企业延伸，将企业文化和先进理念融入教学环节。

为保证校企合作日常工作有序运行，校内设立校企合作工作站，企业设立校企合作办公室，以专业带头人和企业主要领导为校企合作负责人，统筹校企合作，负责开展校企间的日常交流、协同开展专业建设、教师互派互聘、共建校内实训基地和校外实习基地、企业员工技能培训和职业资格鉴定服务等工作[①]。

（三）利用“互联网 +”技术协调校内外实训实习基地，共享实景实践教学资源

依托“互联网 +”技术，为进一步发挥职业院校培养多样化人才、促进创新就业、传承技术技能的作用，根据大数据分析的企业人才需求对人才培养方案进行编制，结合“互联网 +”技术和云计算，搭建远程教学平台，实现校内外资源协调、功能协调，最大化共享实践教育教学资源。校内实训基地具有真设备、真管理、仿真运行的特点，通过互联网技术集合校外多方资源，将企业的真实工作现场、工作过程、班组管理等引入校内实训基地，使得校内实训基地具有企业生产现场的真实情境，实现多方资源共享。

通过远程教学平台，将视频会议系统、录播系统、企业生产监控系统、电力生产调度信息系统高度集成，实现校企信息共享，推进教学过程与生产过程实时互动，将具有代表性的电力企业的生产现场运行参数实时传输回我院教室，同时通过视频会议系统将教师授课视频实时传输到电力企业，对企业员工进行培训，实现了教学资源的共享，推进了校企协同，解决了实践教学的时空制约矛盾。

通过远程教学平台，企业向学院开放现场生产监控视频和运行状态数据，学生在课堂上即可实况认识电力生产过程，增强感性认识，提高教学质量；学院向企业开放实训基地，专任教师远程为企业员工开展技术培训，实现企业员工不离岗培训，既方便员工提高岗位技能，又不影响企业生产，有利于企业管理。

① 赵泽虎，颜世颀．从治理到善治：生态学视野中的大学治理研究 [M]. 苏州：苏州大学出版社，2012:15−45.

（四）校企共建实践教学资源共享平台，最大化共享实践教学资源

充分利用学校数字化校园建设项目，借助学校数字化学习中心技术资源，校企合作共建电力实践教学资源共享平台，构建学校学生、企业职工和社会共享的开放性自主学习平台，通过校企共建的方式，建设海量的实践资源存储中心，存储大量的图片素材、课程录像视频、动画教学资源、企业典型案例、课程授课课件、虚拟设备、虚拟实训项目、虚拟工艺等。在实践资源库建设中，既要照顾当前学生知识能力的掌握，又要兼顾学生可持续发展能力的培养，并能成为集聚广大教师优秀教学资源的重要平台，同时，要保持实践资源库的长期稳定和不断更新与维护。

电力工程全过程中具有很多高温度、高压力、高电压等极端和危险的环境，导致很多实践无法在电力生产现场开展，虚拟仿真实践教学对培养学生的实际操作能力、解决学生学习实践与电力安全生产之间的矛盾等方面发挥巨大的作用，如通过采用模拟软件解决电力设备硬件不足及操作连接烦琐的问题，使学生通过模拟软件完成电力设备的安装与调试；在实际操作中，一些过程时间较短，如电力系统出现短路故障，而继电保护动作时间较短，在监控中难以看清故障，通过制作仿真动画，可以让学生们了解故障是如何发生的，继电保护是如何进行保护的，让学生透过现象看到本质，做到“理论讲精、实践到位”。

产教深度融合是现代职业教育发展的重要方向，寻找校企双方的融合载体是确保产教深度融合的关键，基于产教融合的电力实践资源共享平台通过市场化手段将职业院校与企业紧密融合，是职业院校与现代电力企业结为一对“合作共赢体”，打破了职业与教育、企业与学校、工作与学习之间的相互游离，为校、企、校三方协同合作营造良好的职业教育育人环境，提高了人才培养质量。

第四章　构建产教融合生态圈的基础研究

第一节　基于OBE视角产教融合生态圈构建研究

产教深度融合必然形成产教融合生态圈，在产教融合生态圈内，各利益相关者组成利益共同体，连接利益共同体的纽带是共同的“产出”。基于OBE（Outcomes-Based Education）视角，探索利益共同体相关主体的各自“产出”，并把产教融合生态圈分为学校主导型、企业主导型、行业主导型、政府主导型等四种类型。

产教融合是当前职业教育领域的热名词，也是职业教育的最佳模式。在我国，职业教育的发展经历了曲折的发展历程，从近现代黄炎培、陶行知等人自下而上的倡导，到今天国家、政府自上而下的要求，已经整整100年的时间，而真正开始重视职业教育是近20年或更短时间内的事情，这使得我国职业教育发展比西方发达国家“慢一拍”。随着经济发展方式转变和产业转型升级的需要，教育的改革迫在眉睫，走职业教育发展之路在国内达成了共识。

尽管重视职业教育的时间短，但无论是在职业教育的发展层次，还是职业教育的发展模式上，都取得了很好的探索经验和成果。从职业教育层次上看，我国的职业教育分为中职（高中）层次、高职层次、本科层次、研究生层次。职业教育的层层递进，突破了只有中职、高职层次才能实施职业教育的狭隘认识，从而把职业教育引入更高，甚至是高层次的高校和人才身上。从职业教育的发展模式看，已经尝试了诸如“校企合作”“产教结合”“产学合作”“工学结合”“产学研合作”“厂中校”“校中厂”等模式，这些模式均是校企合作的有益探索[①]。但由于政府、企业、学校等各方面的原因，职业教育以上发展模式还存在不尽如人意的地方，各自之间的合作还停留在面上，还仅仅涉足“浅海”。《中共中央关于全面深化改革若干重大问题的决定》（2013年11月）中提出，“加快现代职业教育体系建设，深化产教融合、校企合作，培养高素质劳动者和技能型人才”；《国务院关于加快发展现代职业教育的决定》（国发〔2014〕19号）指出“到2020年，形成适应发展需求、产教深度融合、中职高职衔接、职业教育与普通教育相互沟通……的现代职业教育体系”。这两个文件分别首次提到“产教融合”“产教深度融合”名词。那么，如何实现产教深度融合，

① 龚添妙，杨虹，刘长生.教育生态学视野中的产教融合研究与实践[J].长沙航空职业技术学院学报，2015，15（1）:5-7.

使融合相关方形成你中有我、我中有你的“命运共同体”？本节尝试基于 OBE 的视角，探寻合作各方产教融合的结合点，从而构建辐射本地区、本省、本区域乃至全国的产教融合生态圈。

一、产教融合与产教融合生态圈

（一）概念界定

产教融合生态圈的定义。生态圈是指处于一定生态系统中的生物与生物，生物与非生物之间能量转化过程，从而形成的一个有组织的功能复合体，任何一种生物都不能脱离这个组织而单独存在，都要在这个组织内活动。产教融合生态圈，是指产业系统中的各主体、各要素与职业教育系统中的各主体、各要素在相互融合的过程中，形成的一个相对固定且包容开发的组织系统。产教融合生态圈改变了校企合作以学校为中心的，单项式、直线式的价值链，形成了多元、多方的价值链。在这个多元、多方的价值链条中，一个要素的变化必然引起其他要素的变化，价值链上的各要素形成动态组合，共生、互生。

产教融合生态圈就是要在打造产业系统与职业教育系统相关主体、要素利益共同体的基础上，形成各主体、各要素间的“命运共同体”。每一个共同体就是一个生态圈。

（二）产教融合生态圈的特点

1. 共享

共享是产教融合生态圈的基础。在产教融合生态圈中，利益主体对相关要素或资源，如生产车间、工作室、教室、生产设备、实验设备、管理经验等共同享有、共同使用，不仅能够拉近利益相关主体的距离，而且还能节约成本。

2. 融合

融合是产教融合生态圈最突出的特点，融合是深层次的合作，是利益共同体相关主体、要素相互内嵌，真正实现你中有我、我中有你。融合的方式有很多，比如学校学生半工半读，企业员工一边工作，一边参加学校培训。企业员工兼职教学，学校教师到企业挂职锻炼。把教室搬到车间，教学过程在生产过程中完成，教学内容根据企业生产任务来确定，在完成工作任务过程中，实现对教学内容的传授和消化等，让学生“真刀实枪”地在生产过程中增强技能和本领。

3. 创新

创新是产教融合生态圈的动力。产教融合生态圈是基于各自合作的需求而产生的，因此不但要探索恰当的合作方式，更要创新合作内容。作为学校，要根据产业的需求，创新人才培养模式、创新知识生产过程等。作为企业，要根据学校的实际，创新与学校专业、课程、技术开发等相融合的渠道。作为政府，要创新社会环境和制度环境等。

4. 连接

连接是产教融合生态圈的桥梁。产教融合生态圈是连接相关主体、要素的桥梁，也是发挥各自“用武之地”的平台。在这个平台里，政府、产业、学校等宏观主体紧密联系在一起，共谋发展；学生、教师、企业员工等微观主体相互协作，共育人才。

5. 生态

生态是产教融合生态圈的精神面貌。在产教融合生态圈内，主要的合作、协同主体企业和学校构建了互动关系，突破了以往仅限于交易粗浅的来往，形成了高度依赖的外部合作与资源共管的组织形态，如校企董事会、校企协同创新中心等。两者的关系高度和谐，并循环发展①。在产教融合生态圈中，作为物化层面的各种要素，不同的主体可以共享，交互使用，减少了浪费。

二、OBE理念的内涵及特征

OBE 是美国学者 Spady W. D 于 20 世纪 80 年代提出来的一种教育模式。这种教育模式于 21 世纪初期传到中国，引起了国内教育界、理论界的重视。国内学者对 OBE 的翻译莫衷一是，有近 10 种不同的译本，如基于学习产出的教育模式、基于学习结果的教育、以产出为本的教育、以成果为导向的教学模式等，笔者更倾向于把 OBE 理解为基于产出的教育模式。

那么，OBE 的内涵是什么呢？澳大利亚把 OBE 定义为“基于实现学生特定学习产出的教育过程。教育结构和课程被视为手段而非目的。如果它们无法为培养学生特定能力做出贡献，它们就要被重建。学生产出驱动教育系统运行”。国内主要研究人员认为，OBE 是指“教学设计和教学实施的目标是学生通过教育过程最后所取得的学习成果”。从这里可以知道，OBE 的目的是“学生特定能力”或“学习成果”的获得，关心的是学生在毕业的时候学到了什么，而不是在大学中怎样学习、在哪里学习、什么时候学习等。在 OBE 理念下，教育过程的一切因素，包括师资的聘请、教学设施的投入、课程的开发、教学过程的设计、教学成效的考核等均被工具化、手段化了，如果这些因素无法让学生达成社会所需要的能力或技能，工具不为目的服务了，这些因素将被推翻，并进行重构。

与传统的教育模式相比，OBE 教育模式实现了教育重心的转移。一是由重教学过程转向重教学结果，教学结果体现在学生身上，而不是其他方面；二是由重教学投入转向重教学产出，关注学校培养了多少符合社会需要，能够在市场经济条件下取得成功的人才；三是由重整体教育转向重个性化发展，OBE 强调只要提供适宜的机会，人人都能成功，成功不是一个模型的塑造，而是体现个性化差异；四是由重学生的记忆能力考核转向重学生理解能力、分析能力、运用能力、应变能力的考核。学生的综合能力、专业能力、创新能力能够得到检验和提升。OBE 教育模式的转变，彰显其与传统教学模式相比所具有的与时俱进的特征，那就是以学生诉求为中心、以能力培养为本位、以社会需求为经纬、以个性评估为动力。

① 范国睿．教育生态学 [M]．北京：人民教育出版社，2000：14-15.

三、以OBE理念引导产教融合生态圈的构建

OBE 教育模式的理念与职业教育所追求的“培养高素质劳动者和技能型人才”目的高度契合，因此越来越受到重视，并逐渐被采纳。OBE 理念突出强调的是“产出”理念，这一理念成为产教融合生态圈构建的黏合剂，成为职业院校、企业、行业、政府发生互动联系的基点，正是基于共同“产出”的需要，职业教育领域相关主体才能走在一起，结成合作的利益共同体，并且随着“产出”的实现，合作越来越紧密，最后实现完全的融合。对于职业院校来说，“产出”是要培养高素质劳动者和技能型人才；对于企业来说，“产出”是要生产合格、优质、适销对路的产品；对于政府来说，“产出”是要创造出良好的经济效益和社会效益，如经济繁荣、社会稳定等。三者的“产出”不是割裂的，而是互动联系在一起的，甚至在本质上是一致的。它们的关系可以比喻为上游、中游、下游的关系。即首先要培养出高素质的技能型人才，才能生产出合格的产品，最后才能实现经济繁荣和社会稳定。反过来，它们又是宏观、中观、微观的联动、制约关系，即社会越繁荣，人们的需求会越来越丰富，需要越来越多的优质产品和服务，从而呼唤越来越多的各种人才。因此，在产教融合生态圈中，各利益主体，尤其是政府、企业、行业、学校是平等主体的关系，不存在谁主谁次、谁优谁劣的问题。在产教融合生态圈构建上，任何等靠要都是行不通的，只有积极、主动、进取、包容，才能构建有利于各方的产教融合生态圈，各自的“产出”才能实现。从不同的主导主体，可以把产教融合生态圈构建分为学校主导型、企业主导型、行业主导型、政府主导型四类。

（一）学校主导型产教融合生态圈

学校主导型产教融合生态圈是指在构建产教融合生态圈过程中，学校要更加积极主动，拓宽产教融合范围，按照企业生产要求、社会期待组织教学，培育人才。从 OBE 理念的角度看，职业学校的目的是要培养高素质劳动者和技能型人才，学校的一切教育教学工作都要围绕这一点而展开，为了达到这一目的，在校企合作方面，许多学校都进行了尝试，但效果不是很好。笔者认为，主要原因是职业院校没有真正把“教”与“产”融合起来[①]。目前，大多数职业院校把校企合作仅仅作为教学的一两个环节来对待，即学生的实习环节或就业环节。出于对学生实习的需要、学生的就业需要、完成教学任务的后续环节的需要，而与企业、行业进行合作，这种合作得不到企业、行业的积极响应和热情参与，造成“剃头刀子一头热”的现象。这是因为这种合作仅仅表达了学校一方的利益诉求，而忽略了企业、行业需要。职业院校要真正实现产教融合，构建产教融合生态圈，必须在学生入校到学生离校的整个教育过程中，站在企业行业的角度、站在社会的角度，充分考虑企业行业的需求来培养人才，并热情地邀请企业等社会各界参与其中，为此应该做好以下几项工作。

① 邬松林．产教融合生态圈的建设路径研究：以 A 学院为例 [D]．南昌：江西农业大学，2016.

1. 共同制订人才培养方案

学校是知识、智慧、人才的生产者，企业是知识、智慧、人才的使用者，学校生产出的人才合不合格，不是学校说了算，而是企业说了算。人才如何培养、培养到什么程度，最有话语权的是企业，因此企业应该参与学校的人才培养方案的制定。从学生入校到学生毕业，由企业或按照企业要求确定培养目标、制订教学计划、考核培养过程、实现人才就业等。为此，学校要淡化专业、课程、教材、教学等概念，而应该突出产品、岗位、项目、任务等概念。

2. 把教学过程生产化

在 OBE 理念下构建产教融合生态圈，教学过程不再是教师单纯的讲授，学生单纯接受的单线式过程，也不是学校自编自导的单平台的独角戏，而应该把教学过程生产化，即把教学过程融入生产过程中，教室就是车间、车间就是教室。教师教学、学生学习都在生产过程中完成，真正实现教学、学习、生产“零距离”。

3. 把教学内容项目化

教师要根据企业的需求，合理处理教材、课程内容，实行模块化或项目化教学。教师根据企业生产情景，重构教材、课程内容，根据生产过程不同的项目，整合教学内容，让学生在完成项目的过程中，掌握、理解、消化教学内容。

4. 培养更多的双师型教师

在产教融合生态圈构建中，关键是人才的融合。从学校的角度看，一是要大量“引进来”，即引进企业技术人员参与教学过程，引进尽可能多的“企业导师”，让“企业导师”参与所有的教育教学过程；二是要让更多的教师“走出去”，老师走出课堂、走出学校、走向企业，到企业中挂职锻炼，了解企业的需求，熟悉生产过程，提高自己的动手能力，从而改革自己的教学内容，把自己的知识、能力转化为学生的技能。

5. 解决企业的关切问题

学校要调动企业参与产教融合的积极性，就要充分考虑到企业的需求，与企业一道解决其最关切的问题。对于企业来说，企业声誉、技术创新、产品升级、产品销售、企业服务等是其最为关心的主要方面，学校在与企业共育人才的过程中，如果能协同企业解决这些问题，校、企之间的合作会更为紧密、更加融合。

在产教融合生态圈的构建中，学校是最重要的主体之一，学校的姿态及采取的措施如何，直接影响产教融合生态圈的建设及生态圈的紧密程度，学校只有既考虑自身的需求，又考虑企业的诉求，把自身的需求建立在企业诉求满足的基础之上，产教融合才能真正实现《国务院关于加快发展现代职业教育的决定》中提出的五个对接：专业设置与产业需求对接、课程内容与职业标准对接、教学过程与生产过程对接、学历证书与职业资格对接、职业教育与终身学习对接。

（二）企业主导型产教融合生态圈

就是指企业在产教融合生态圈的构建过程中，要改变观念，以热情的姿态，采取切实有效的措施，为实现自身的“产出”，而与学校共同培养人才。从 OBE 理念的角度看，企业的最大产出是“产品”或产品转化成价值即产品实现，“产品实现”是调动企业参与产教融合的合作点、融合点。“这里的产品既指各行业新技术、新工艺的实物产品，也指各行业的无形产品和服务。”除此之外，“产品”还包括学生，学生是产教融合过程中的“特殊产品”，这一产品的实现影响、甚至决定实物产品的实现。企业只有站在这一角度，来认识产教融合，并参与产教融合生态圈的建设。

1. 改变传统观念

在校企合作过程中，会出现一些企业不热情、不积极的情况，其中有学校过于考虑自身而忽视企业需求的原因，同时也有企业把人才培养当成是学校的事情而与自身无关的原因。企业的这种传统观念不符合产教融合的精神，并对产教融合生态圈的建设带来不利影响。企业只有改变观念，充分认识到人才培养不是学校单方面的事情，而与自身的发展息息相关。一是学校人才这一“特殊产品”培养能否实现，影响到企业物质产品或无形服务的实现，前者决定后者；二是学历教育与职业培训相结合已成为职业教育的新常态，无论是学校的教师、学生，还是企业的管理者、职工均要融入新常态中①。而对于企业来说，其管理者、职工的学历教育、职业培训均离不开学校。

2. 积极参与技术开发

学校是生产知识和智慧的地方，站在技术开发、技术创新的前沿。每个时代，新技术革新、新产品开发设计、知识产权创造等无不首先在学校爆发，企业只有和学校合作，共同参与技术开发、创新，才能获得企业发展的原动力。为了加强与学校的融合，企业应该成立产教融合“董事会”或协同创新中心等管理机构，建立鼓励和支持产教融合的工作机制。

3. 积极参与人才培养全过程

企业转变了观念，认识到学校人才培养与自身利益的关系，以积极、主动的姿态参与产教融合，把自身的关切融入学校教学过程的每个环节，与学校一道，实现教学目标产品化、教学过程生产化、教学考核行业化、人才产出标准化。

（三）行业主导型产教融合生态圈

在产教融合生态圈的构建中，离不开行业的参与，社会各行各业是“产”中的重要组成部分，因此行业也要积极行动起来，构建以行业主导的产教融合生态圈。行业主导型产教融合生态圈是指在产教融合生态圈中，充分发挥行业的主导作用，表达行业的需求和关切。从 OBE 理念角度看，行业最为关注的是需求预测是否实现、就业状况是否合理、学校的人才培养是否达到行业（企业）标准等。因此，在产教融合生态圈建设中，行业要做

① 胡林凤，刘根厚．基于生态学视角的产教融合机制构建[J]．教育与职业，2018（3）:18-23.

好以下三件事情。

1. 发布行业信息

行业要结合企业的需求，进行广泛调研，向社会尤其是向职业院校发布人力资源需求预测和就业状况报告，引导学校根据行业信息变化，调整人才培养策略和措施，同时支持企业参与学校办学、学校管理和学校改革，为学校的人才培养献计献策。

2. 制定行业标准

行业要结合企业的需求、学校的实际制定行业标准，使行业标准企业化，并引导学校改革人才培养评价标准。改变传统的重投入轻产出、重过程轻结果的评价模式。“企业的评价标准不可能出现‘教师教学方法’‘学生学习态度、课堂纪律’之类的评价指标，只能是‘产品质量’‘工作流程’‘业务技能’‘职业素养’等。”通过改变评价标准，引导学校人才培养工作符合企业、行业的需要。

3. 开展第三方评价

以行业牵头，组成由企业、行业、协会、家长、学生等方面参与的第三方评价组织，按照行业标准，开展对职业院校的人才培养效果的评价，及时向职业院校反馈评价结果并影响其教学决策。同时，帮助职业院校构建符合职业标准的质量保障体系，开展常态化的内部评价工作，并形成良好的运行机制。

（四）政府主导型产教融合生态圈

在产教融合生态圈的建设中，政府应该义不容辞地加入进来，并且扮演重要的角色。中央政府已经做出了职业教育产教融合的顶层设计和要求，地方各级政府就有义务贯彻落实好。如果说企业、学校、行业等是产教融合的“表演者”，那么政府就是产教融合的“搭台人”，台搭好了，表演才能获得广阔的发挥空间，表演才会精彩纷呈。因此，各级政府应该发挥积极主动性，构建政府主导型产教融合生态圈。从 OBE 理念的角度看，在产教融合生态圈的建设中，政府也是受益者，政府所追求的“产出”是经济效益和社会效益，最典型的表现就是各级政府都希望自己的辖区内实现经济繁荣和社会稳定，这是最大的“政绩”，也是官员提拔的主要考核指标。通过政府积极主动地参与产教融合生态圈的建设，可以实现政府所需要的产出。

1. 合理规划、有效推进

政府对辖区内的产教融合进行合理规划，把产教融合、校企合作工作写入政府发展规划中，把产教融合作为政府一把手工程，通过政府协调产教融合各利益主体之间的关系，从而推动企业、行业、学校等方面的深度融合。强化政府部门的统筹协调功能，打破企业、行业、职业学院的界限，整合职业教育资源，实现职业教育资源的共享、融合。

2. 加强立法、完善制度体系

政府要加强产教融合相关立法工作，制定和完善促进产教融合、校企合作的法规和政策，规定产教融合利益相关方的权利与责任，使产教融合制度化和法律化。建立政产学相结合的专门管理机构，完善产教融合保障、服务、激励和考核制度，建立稳定的投入机制，引入问责制。

3. 营造氛围，调动各方参与

政府要营造产教融合、校企合作的积极氛围，调动社会各方的积极参与。通过与企业、学校开展项目合作，把各方面联系起来。设立产教融合专项基金，用于奖励、补偿产教融合过程中相关主体的付出。通过税收杠杆和财政支付等手段调动企业、行业参与产教融合的积极性。

产教融合生态圈的以上四种类型并不是相互孤立的，而是相互作用，共同发力的。每种类型只是说明产教融合相关主体努力的侧重点有所不同而已，它们的工作不能截然分开，只有学校、企业、行业、政府共同努力，才能建立牢不可破的产教融合生态圈。

第二节　基于三重螺旋理论的产教融合生态圈建设

产教融合作为经济新常态下推进人力资源供给侧结构性改革的重要举措，其特点就在于产业和教育的同频共振、协同发展。实现产教深度融合，依赖于利益各方形成一个高效、稳定、共赢的产教融合生态圈。基于三重螺旋理论，探索政府、企业、高校等产教融合主体实现协同推进的工作格局，提出教育链、人才链与产业链、创新链有机衔接的产教融合生态圈建设路径。

2017 年 12 月，国务院办公厅印发了《意见》，从国家教育改革的层面对深化产教融合进行了系统的政策指导。这项政策是在党的十九大之后首个提出的关于教育综合改革的文件，也是产教融合第一次以国务院办公厅名义发布的政策性文件[①]。从实践层面来分析，如何使产业与教育实现深度融合，形成一个利益各方良性互动和高效对接的整体是当务之急。本节尝试基于三重螺旋理论的视角，深度分析产教融合参与各方的交集和融合点，尝试提出覆盖区域经济社会发展的产教融合生态圈建设路径。

一、产教融合生态圈的特点

所谓生态圈，是指在一个特定的生态系统内，各种生物之间因能量转化所形成的一个具有一定组织特点的功能组合体，系统内各种生物都依存于这个组织，都必须在这个功能组合体内活动。产教融合生态圈就是基于生态圈所具有的组织特点，政府、高校、企业等各主体、各要素在开展产教融合的过程中，形成的一种良性互动、生存共赢的组织系统。在产教融合生态系统内，高校与企业不再是过去点对点的单线链接，而是在政府、社会组织等要素的协调组织下，形成了一种多元复合的链接系统。系统内各要素之间相互影响、动态互动，逐渐形成了一种互利共赢的利益共同体。产教融合生态系统的良性运行，将会

① 范国睿. 教育生态学 [M]. 北京：人民教育出版社，2000：3.

促使教育和产业形成同频共振、协同发展总体格局，推动高校真正建立以需求为基本导向的人才培养模式，基本解决人才供给侧与产业需求之间的结构矛盾，形成高等教育与区域经济互利共赢、高质发展的良好态势。

产教融合生态圈的特点主要有四点。一是合作共享。实现合作共享是产教融合生态圈的基础。各方利益主体在推进产教融合的过程中，相关的要素和优势资源，可以共享共用，实现了各要素资源的无缝对接，极大地提升了优势资源的使用效率。二是深度融合。产教融合生态圈核心就在于教学过程的深度融合。企业生产一线的宝贵经验与教学计划和教学内容同步跟进，教学始终保持与生产的紧密对接。在各种要素的互动中，逐渐形成你中有我、我中有你的深度融合状态，为学生的职业可持续发展提供了强有力的支撑。三是协同创新。产教融合生态圈的各主体要素之间的高效流动，逐步形成了多元主体协同互动的创新生态链。在这个创新生态链上，知识创造的主体和技术创新的主体之间实现了资源的快速整合，从而产生系统叠加的非线性效用协同创新。

二、三重螺旋理论的基本内涵

三重螺旋理论由美国社会学家亨利·埃茨科威兹与荷兰学者劳埃特·雷德斯多夫在1995年提出。该项理论最初用于分析国家推进创新战略过程中，高校、产业和政府作为参与主体良性互动，所形成的创新资源和要素合理搭配的最佳模型。在三重螺旋模型中，政府、高校和企业分别作为螺旋创新进程中的重要主体，在完成自身的传统职能的基础之上，主动与其他主体围绕创新开展紧密互动和融合，逐步形成了互利共赢、相互渗透的“三重螺旋”状态。在这一状态的影响下，创新资源得到最大限度的开发和利用，区域的创新效率得到极大提高。

“三重螺旋”模型作为一种非线性的多元创新结构，其核心动力机制在于将价值取向不同、运行方式各异的高校、政府、企业深度融合为一个复杂共同体，形成了一种既相互依存，又相互独立的发展格局，促使各方实现螺旋创新的良好态势。在各个主体实现螺旋创新的同时，其产生的创新资源也被整个大的螺旋结构所吸收，进一步促进了系统内部的新陈代谢，从而持续推进整个系统的创新能力。显然，该理论对于理解并推动产教融合生态圈各方主体间的协同发展、互利共赢有所裨益。

三、基于三重螺旋理论的产教融合生态圈建设路径

从三重螺旋理论模型的视角来看，参与构建产教融合生态圈的高校、政府和企业等相关主体必须是以共同的利益需求为纽带，实现相互之间的深度融合和链接。在构建产教融合生态圈的过程中，高校首先要主动转变角色和功能，衍生一定的企业化功能；企业则要充分发挥主体作用，主动与高校建立技术合作和人员培训的紧密关系；政府则要发挥协调推进的作用，积极协助企业和高校建立紧密的产教融合平台。这种相互渗透、互利共赢的

关系，使得高校、政府、企业犹如一个生态圈的构成部分一样，相互依赖、融为一体，最终建立起共生共赢的产教融合生态圈。

（一）高校主动与企业实现深度对接

1. 专业设置与企业人才需求实现深度对接

高校要深入分析学校所覆盖的区域和行业的岗位需求情况，及时掌握企业岗位的变动和发展趋势。针对企业岗位灵活变动情况，高校要尽快建立专业动态调整机制，对于不适合市场需求的专业，要及时提出预警，定期邀请企业专家参与学校人才培养方案的制定，确保学科链与产业链实现紧密对接。高校可以探索实施“校企双制、工学一体”的教育方式，在一些技术含量高、操作性强的专业，尝试推行现代学徒制，努力实现招生与就业的无缝衔接，使培养对象具有学生和学徒的双重身份[①]。

2. 教学过程与生产过程实现深度对接

产教融合的核心就是要实现教学过程与生产过程的紧密对接。在理论教学过程中，师资队伍应该是由具有企业经历或者相关职业资格的“双师型”教师组成的，使理论教学过程尽可能拉近与生产过程的距离。在实践教学环节，除了安排学生在学校实验室、实训室和实践基地锻炼之外，也应该把教室搬到企业的生产线，让学生到企业一线进行锻炼。此外，也要积极支持企业的技术能手和管理人员参与到学校的实践教学环节，与高校教师一同研究开发实践教学课程，指导学生技术实践。高校可以尝试与龙头企业合作建设“双师型”教师培养基地，采取设置产业教师岗位等措施，带动教学过程与生产过程的深度对接。

3. 教学内容与企业岗位需求实现深度对接

教学内容与企业岗位需求对接的关键就在于课程设置标准与岗位职业标准的对等。通过校企双方对标准的协商制定，从而把企业岗位需求内化到高校的理论和实践教学体系之中，把学校的实践教学环节嵌入企业的生产和管理环节，实现课程体系与岗位职业标准之间的有效对接。此外，高校还可以推进教学内容项目化建设，教师可以根据企业岗位需求，以及生产过程中的不同项目，整合课程内容，实施模块化教学，使学生在参与项目的过程中，深度掌握和理解模块化教学内容。

（二）企业主动发挥主体作用

1. 企业主动转变观念

在产教融合生态圈建设过程中，企业必须主动转变观念，原因主要有以下几个方面：一是可以通过产教融合的互动，进一步激发企业发展过程中最重要的人力资源要素；二是依托于产教融合，可以为企业提供便利的技术研发和服务，进一步提升企业的核心竞争力；三是可以为企业发展营造良好的文化和政策环境，进一步提升企业的软实力。经济新常态背景下，企业应该主动认识到人才培养与自身利益的密切关系，以更加积极的态度参与到产教融合之中，把企业自身的关注点融入高校教学过程的每个环节，实现产业链与人才链

① 杨朔镔，杨颖秀.“双一流”背景下大学院系治理现代化探论：自组织理论的视角[J].教育发展研究，2018（5）：40–47.

的深度融合。

2. 企业主动参与办学

国有企业是我国产业发展的中坚力量，在技术、设备、人才等方面往往都是行业的领跑者，这些企业是最有能力和水平为产教融合提供高质量的实习和实训平台。与此同时，这些企业往往有着较强的封闭特点，原因是企业内部有着相对成熟的培训体系。因此产教融合的关键抓手就是把这些优秀的企业吸引到高校人才培养链之中，引导这些优秀企业在高校设立产业学院，以及实验室、实训基地、企业工作室等，甚至可以让企业通过独资、合资等方式参与高等教育办学。

3. 企业积极参与技术研发

高校是科学研究人才的聚集地，也是技术研发的前沿。企业必须积极主动与高校合作，加大技术与服务研发的力度。企业可以立足于自身的实践需求，主动与高校联合申报重大课题项目，共建重大项目实验室，在产教融合中加快高校的基础研究成果转化为产业技术，及时解决企业生产实践中的技术难题，全面提升校企协同科技创新的深度和维度。

（三）强化政府组织协调功能

1. 政府要增强实施产教融合的战略意识

政府要立足区域经济社会发展整体布局的高度，把产教融合作为促进地方经济社会发展的重要举措，主动将产教融合深度融入经济转型发展的各个环节，贯穿到人才培养的全过程，形成政府、企业、高校等产教融合主体和要素协调推进的工作格局。此外，还要结合区域创新发展、智慧化城市建设、新型城镇化等战略，统筹协调、共同推进教育和产业结构调整，同步规划实施产教融合相关的重大项目、支持手段和政策措施。

2. 政府要强化法律法规和政策支持

政府要主动承担推进产教融合的主导角色，通过完善法律法规和政策措施，为产教融合营造良好的政策环境。一是政府要落实财税政策，把推进产教融合作为落实减税、降低成本的重要举措；优化社会力量参与办学的财税政策，鼓励企业参与办学。二是加大金融支持力度。鼓励金融机构参与支持产教融合重大项目，引导银行金融机构创新服务模式，开发适合产教融合的融资品种，统筹协调好政府和社会资本的金融服务①。三是调整完善产业政策。政府要主动引导高校学科建设方向和企业的投资发展方向，推动学科链与产业链的有效对接，实现校企双方在人力资源、科技创新和社会服务等方面的深度融合、互利共赢。

3. 政府要统筹建立产教融合运行机制

首先是要建立产教融合共享平台。政府应结合区域经济转型发展的实际情况，统筹协调地方相关企业和高校，建立双方合作的科研、人力资源等共享共用的平台，搭建沟通反馈渠道。其次是建立健全产教融合激励机制。通过建立理事会或者工作组，制定合理有效的激励机制，对于参加产教融合成绩优良的单位或者个人给予奖励，提高企业和高校参与

① 李玉珠．我国产教融合发展的制度环境及优化研究 [J]. 职教论坛，2018（8）：33-38.

产教融合的积极性。最后是深化评价监督机制。政府应专门成立监督机构，对高校和企业开展产教融合的情况实施全程跟踪监督，确保各项工作有序开展。

第三节　产教融合的应用型人才培养生态机制构建

当前是产业升级、经济转型的关键时期，需要大量应用型人才的支撑。学以致用的应用人才培养，要结合产业系统发展的现状及其对人才的需求，这就需要产教融合的育人机制。构建产教融合的生态系统，明确系统内各要素的地位及功用，实现系统内自主动态平衡，是应用型人才培养的必由之路。

改革开放以来，我国经济飞速发展。如今，产业升级、经济转型进入了攻关阶段。新的经济发展形势需要有扎实专业基础、较强技术操作和实践应用能力的高素质人才作为强有力的人才智库支撑。人力资源社会保障部 2016 年 7 月印发的人力资源“十三五”规划纲要中明确了“建设高素质人才队伍”的目标，计划到“十三五”期末，专业技术人才达到 7500 万人的总量，高、中、初级三个层次的专业技术人才比例为 10 ∶ 40 ∶ 50；高技能人才达到 5500 万人的总量。

而近些年来，高等学校毕业生就业难和企业招工难“两难”现象与人力资源“十三五”规划纲要形成了鲜明的对比差[①]。学生毕业没有一技之长，难以满足企业的人才需求。这种现实的矛盾反映出高等教育存在的问题，也要求必须建立“产教融合”的生态教育机制，完善教育与经济、产业协同发展的新格局，使高校培养的人才适应社会、企业的需求，提高人才的培养质量，为社会输送高素质的应用型人才。

一、应用型人才的内涵

人才是指具有一定的知识或技能的人，在企业中，能够胜任工作岗位的职责和任务，能够通过创造性劳动为企业发展做出贡献，是企业中能力和素质较高的员工。随着社会分工的不断细化，人才的类型也越来越细化。根据科学技术工作对人才特质的需求，人才可以分为研究型人才、应用型人才和技能型人才。研究型人才具有较强的研究能力，能够发现知识，揭示客观规律；应用型人才是将科学知识运用到实际工作、生活中，能有较强的理论联系实际的能力；技能型人才能够完成具体实务操作。

“应用”是应用型人才的核心，将所学知识用到实处，为实处所用，是应用型人才的根本任务。所以，应用型人才不仅拥有工作岗位所需的理论知识，还具有将理论知识运用于实践的能力，简言之，能够“学以致用”。在三种类型的人才中，应用型人才既要具备一定的理论知识，又要面向实际工作操作任务，是一种中间人才，对综合素质要求较高。

应用型人才应具有 KAQ 的人才结构，即应具有知识（Knowledge）、能力（Ability）、

① 贺祖斌 . 中国高等教育系统的生态学分析 [D]. 武汉：华中科技大学，2004.

素质（Quality）。应用型人才不仅应具有专业性知识，还应具有通识性知识和工具性知识；不仅应具有专业胜任能力，还应具有可持续发展能力，不断提升自我，与时俱进；不仅应具有职业素养，还应具有综合素养，具有良好稳定的内涵特质，能够融会贯通，沉着应对，处变不惊。

因为应用型人才重点在于“应用”，所以知识、能力、素质都要围绕实际工作的需要进行培养和锻造。这离不开产教融合的人才培养机制。

产教融合里面包含着两大核心要素：“产”和“教”，还包含一个机制，即两大核心要素的融合机制。

“产”一般被理解为产业，“教”一般被理解为教育。庄西真（2018）认为“产”代表着以产业为特征的“产业系统”，“教”代表着以教育为特征的“教育系统”。显然，这种理解更为深入和全面。产教融合，不仅仅是将教育中所教的专业与经济中相关产业结合起来，更应该站在更高的层次来考虑“产业系统”和“教育系统”二者各自的内在与特质，剖析二者的关联，以及当前二者在融合中所受到的系统固有特征的影响，这样才能真正抓住产教融合的关键所在，才能构建真正科学、合理的产教融合教育机制。

所以，产教融合从表现来看，是要将高校所教育的专业与对口的区域经济、区域产业相结合，使学生在学中做，做中学，理论联系实际，理论用于实际地进行学习，使高校培养的人才符合市场需求。而更深层次来看，产教融合是要将产业系统和教育系统实现良性对接，建立一个整合的优化系统，实现市场经济信息和教育信息的无阻传导，实现产业资源和教育资源的实时融通，实现企业人力资源与高校人才均能与时共进，推动经济社会更好更快发展。

二、培养应用型人才的产教融合生态机制

（一）教育生态理论

生态本是研究生物的生活环境及其系统内在个体关系的学问。生态系统内的生态位、生物链及其生态平衡系统，给了人类很多启示，由此生态的概念得到了延伸和发展，逐渐从一门学问、一个学科体系，延展到一种科学方法，这种方法在各个领域都得到了很好的应用，指导各个领域的实践活动。生态被引入教育领域，是从 1966 年开始的，“教育生态学”是英国的生态学家，同时也是高等教育学家的学者 Eric Ashby 在这一年提出来的，从此生态学成为教育领域的一种研究方法，为构建科学的教育系统提供方法指导。

生态的显著特点是它的可持续性，它能够通过内在机制实现自体动态平衡，具有相对稳定性。当前，高等教育人才培养方面存在多种问题，产教融合更是遇到种种阻力，经济社会中的主体在高等教育中究竟承担着什么角色，如何使各个主体各尽其职，如何推进教育系统内部及与其他系统之间资源的顺畅融通与共享，如何实现教育生态的动态平衡，是教育生态学的研究内容。

（二）产教融合的生态机制

1. 生态教育主体

产教融合的生态教育主体可以划分为两个层次：宏观层面的主体和微观层面的主体。

宏观层面的主体是指构建产教融合教育机制的单位，包括学校、政府、企业。学校是原教育系统的主体，企业是原产业系统的主体，政府是主导一切社会政策工作的主体。要将学校和企业均纳入整合后的产教融合教育系统，需要政府政策导向和支撑的桥梁作用①。因此，学校、政府、企业在产教融合教育模式中处于主导地位，它们各司其职，产教融合的思想策略、方式方法、过程和效果取决于这三个主体的相互协作。

微观层面的主体包括企业的员工和学校的教师及学生。产教融合的直接目的是培养应用型人才。这里的人才不应仅仅考虑高校在校学生，还应将企业在职员工和高校从教教师纳入人才培养的范围。高校的在校学生是人才培养的主要对象，他们是八九点钟的太阳，未来是他们的，所以要注重他们的专业素养和综合素质的培养。而学生的学习离不开教师的指导，教师的专业水平和教育教学水平，影响着学生人才的培养质量，所以教师也要不断学习、锻炼，专业理论和实际工作认知要与时俱进。因此在产教融合的教育机制中应纳入教师的继续教育和学习。企业的发展靠的是企业现在的员工，科技日新月异，员工的理念也应与时代同步，在职员工的继续教育和学习同样是不可忽略的问题。

2. 主体角色定位

微观层面的主体是人才培养的对象，在产教融合的系统中，除了做好自己的本职工作之外，就是进行理论联系实际的学习，提高自身的专业素养和综合素质。主导产教融合教育系统的主体主要是宏观层面的主体：学校、政府、企业。

政府在产教融合系统中起统筹协调作用。原来相互独立的学校和企业要真正实现融合，需要中介的桥梁作用，将二者连接起来，这是政府在产教融合系统中的主要任务和职责。政府应通过制定相关规章制度，支持产教融合，促进产教融合。

学校和企业属于执行产教融合的主体，要依据国家的产教融合的政策，及自身需要，积极执行国家有关产业融合的规定内容，主动参与到产教融合系统中来。

3. 教育理念

高校的主要任务是培养人才，企业的主要任务是生产经营创利。二者虽任务不同，但同属于社会经济中不可或缺的构成单位，有一个共同的目标，即推动经济社会向前发展。二者终极目标的一致性，决定了高校和企业是可以融合在一起，遵循共同的教育理念，为国家培养人才出力献策。

产教融合系统的教育理念着眼经济社会的发展和市场人才需求，为培养学以致用的应用型人才创建平台、提供机会。

① 马树超，郭文富．高职教育深化产教融合的经验、问题与对策 [J]. 中国高教研究，2018（4）：58-61.

4. 协作育人模式

学以致用的应用型人才的培养，不能再仅仅靠高校单枪匹马、闭门造车。高校必须敞开大门，走进社会；同时企业也应伸开双臂，拥高校入怀。只有高校和企业门对门敞开，才谈得上产教融合，所以应构建协作育人的模式。高校和企业互通有无，高校将前沿的理论引入企业，丰富企业人才的经营理论和工作理念；企业为高校提供教学资源或场所，让学生和教师在真实场景中学习，在实际环境中探究知识的内涵与运用。高校和企业互惠互利，高校的科研应从企业中来，到企业中去，科研成果为实际所需，为实际所用，不再仅仅是理论的空洞积累；企业分派优秀员工分享工作心得，为学生、教师提供实习和锻炼的机会。

三、构建产教融合生态机制的对策建议

（一）健全产教融合的制度体系

目前，国家对产教融合，已有政策导向，并对相关部门分派任务，要逐步实现产教的真正融合，提高应用型人才培养质量。但是在制度层面，仍缺乏有力的法律法规支持和推动。有些企业也响应政府号召，与高校进行产学共研，但是大部门合作仍停留在企业向高校推销产品的层次上，比如推销相关的教学软件，企业自研专业证书考试等，还未能深入实现产教相辅相成。所以需要政府完善产教融合的制度体系，通过法律法规进行推动，为产教融合提供有力的政策支撑和保障。

（二）与企业社会责任挂钩

高校的教育体制、人才培养体系，一直被企业所诟病。企业认为高校培养的人才不能满足它们的需要。这不是高校单方面努力能够改变的，需要企业的参与，需要企业提供信息和资源，这样高校才能把握企业的人才需求，高校的教育体制、人才培养模式才能得到实际的完善。所以，可以将产教融合与企业社会责任挂钩，对积极参与并有效推动产教融合的企业可作为其社会责任进行统计，并适当在政策上给予奖励和支持，可更好地促进企业参与到产教融合中来。

（三）完善我国育人体系

专业人才的培养属于高校的任务，而学生在中小学阶段所接受的教育深深影响其内在的素质和能力，所以中小学阶段的教育同样重要，不能忽略。另外学生从高校毕业后，实际工作表现如何，不仅受在校企业所学影响，也受学生参加工作后继续教育、终身学习的影响。一个具有可持续学习能力的人，才能够跟上时代的步伐，与时俱进[①]。所以，当务之急是完善我国的育人体系，明确人才在各个人生阶段的学习任务及可选择的学习方式，完善多元化的育人模式，构建从幼教到从业之后的完善的育人体系，这是影响产教融合机制和效果的根本原因。

① 何龙安 . 基于 OBE 视角产教融合生态圈构建研究 [J]. 合作经济与科技，2018（3）:130-133.

第四节 基于生态学视角的产教融合机制构建

产教融合是高职教育增强办学活力、提高人才培养质量的有效途径，但在实际运行过程中，存在生态系统不完善、生态系统歧变和组织成分异化等诸多生态问题。文章从生态学的视角提出了解决方案：进一步强化教育生态意识；完善仲裁、评价组织与机制；建立有效的独立运作机构；建立必要的协调机制。

随着社会经济发展方式的转变与产业结构的转型升级，职业教育的教学内容和办学模式也需要适应形势的变化进行调整。在借鉴德国“双元制”、英国“三明治”、澳大利亚“TAFE”课程开发和新加坡“教学工厂”等成功职业教育培养模式，并结合我国职业教育发展实际，我国把校企合作这一有效的教学模式作为职业教育领域改革的重要抓手，产教融合便成为加快现代职业教育发展的重要指导思想。本节从生态学的视角，探讨在高职教育领域推进产教融合育人模式的现实逻辑，分析其存在的生态问题，并提出构建产教融合的生态机制。

一、推进产教融合育人模式的现实逻辑

当前，我国高职教育已进入从规模扩张转向内涵发展的阶段，《国务院关于加快发展现代职业教育的决定》(国发〔2014〕19号)、《教育部关于深化职业教育教学改革全面提高人才培养质量的意见》(教职成〔2015〕6号)、《意见》(国办发〔2017〕95号)等文件适时出台，提出了深入推进校企合作、产教融合的发展战略举措，突出把机制建设作为推进深化产教融合的抓手，这是由高职教育同时具有职业属性和教育属性这一特点决定的。

(一)产教融合育人模式是适应市场经济发展的有效途径

为了跟上经济社会发展的步伐，高职院校需要在办学模式改革过程中推进产教融合。高职院校的办学宗旨具有市场需求性，应该不断适应新的社会、经济环境，适应社会经济改革持续向纵深发展的现实状况，加快自身的转型①。为了适应用人单位自主权扩大和企业对人才需求的变化，高职院校要培养在掌握基本理论知识的基础上会操作、善管理、留得住、用得上的人才，而产教融合这一教育教学模式可鼓励教师在教学过程中将理论与实践有效结合，鼓励教师在课堂中采用基于工作过程系统化的教学模式、项目化教学模式，把企业文化、真实生产环境带到课堂上来，让学生在学校接触、了解企业生产实际状况，把握市场经济发展的脉搏，充分体现职业教育的职业属性，为学生在毕业后迅速适应社会环境打下坚实基础。

① 杨善江.“产教融合”的院校、企业、政府角色新探：基于“三重螺旋”理论框架[J].高等农业教育，2014(12):117-119.

（二）产教融合育人模式是培养高素质技能人才的有效途径

为了有效提高人才培养质量，高职院校需要贯彻产教融合这一指导思想。培养生产、建设、管理、服务第一线的高素质技术技能型人才是高职院校的使命，这就要求高职院校既要体现职业教育的“职业性”，培养技术技能型人才，也要体现职业教育的“高等性”，培养高素质人才。在高职院校贯彻产教融合这一指导思想，就是要让教师带领学生积极参与到课题研究和企业生产实践中去，着力于理论与实践相结合的应用、深化，既要培养学生知其然的理论功底，还要锻炼其知其所以然的实践能力，为国家、地方、区域的经济和产业发展实现教育资源的合理、有效配置，培养出具有动手与动脑双重能力的技术应用型人才。

（三）产教融合育人模式是增强高职毕业生就业竞争力的有效途径

当前毕业生就业难的现实状况，也对高职院校积极推进产教融合的育人模式提出了具体要求。当前，我国市场经济不断发展，在这种现实背景下，劳动力市场的竞争日趋激烈。因此，如何培养出适应用人单位需求的人才成为高职院校首要考虑的问题。“以服务为宗旨，以就业为导向”的口号正是对这一要求的积极响应。高职院校的人才培养模式，应该满足市场经济对人才的需求，积极推行产教融合，在合作中有效提升学生的实践动手能力，使之能够快速适应用人单位的生产环境，进入最佳工作状态，从而有效缓解毕业生所面临的就业压力。“高职院校应该置身于市场经济体制之中，在产教融合的育人模式推动下抢得人才竞争的优先权。”

（四）产教融合育人模式是有效实施“五个对接”的有效途径

“通过产教融合，高校和企业资源共享，实现自身利益的最大化，这是产教持续合作的动力和根本目标。同时，产教融合也具有明显的公益性特征，以提升教育能力和社会利益最大化为目标，需要校企双方承担协同育人的社会责任。”高职院校深化产教融合教育模式的改革，就是要依托自身优势，充分利用各类资源，在服务经济转型和满足市场需求的基础上，以资源共享、项目合作、技术协作以及共同研发为载体，开展校企合作，实现政校行企等多方协同育人的目标。在生产与教学过程中实现和谐联系与互动，相互融合而形成有机整体，这是现代职业教育教学的重要形态。这一重要形态侧重于职业教育的教学模式和方法改革，在这个改革过程中，必然要做到以下四个方面的紧密对接：专业设置要和产业需求相对接、课程内容的选择与职业标准相对接、教学过程与企业生产过程相对接、人才培养规格与企业用人标准相对接。

二、产教融合育人模式发展存在的生态问题

国内外的相关经验证明，产教融合这一办学模式是一种有效的育人模式。我国自 20 世纪 80 年代即开始了相关研究和探索，实际推行过程却并没有预想得那么顺利，在机制

建设、组织运行和保障体系等方面均遇到许多困难和障碍，形成了不可持续发展的生态问题。

（一）组织和机制建设不健全导致生态系统不完善

当前，实施产教融合的各个主体存在职责和分工不清的现象，导致校企合作的生态系统不完善。虽然组织系统的发展重点在于功能的完善而不是结构或成分的增长，但因为各级组织职责和分工不清，势必缺乏相应的支持，从而导致功能不完善。这表现在两个方面：从宏观层面来看，在我国高职教育发展过程中，国家一直很重视职业教育校企合作的制度和机制建设，也出台了许多文件鼓励和支持高职院校开展产教融合工作，但在这些文件中，更多提出的是发展方向，具体的落实措施较为宏观和笼统，对于需要其他部门配合共同制定的优惠政策、法律条文等较为缺乏，在校企双方推动这一模式时缺乏资金、税收等辅助支持。从中观层面来看，行业协会的指导、服务、沟通、咨询等能力需要在探索中不断发展。近几年，相关部门联合成立了50多个教学指导委员会等行业协会性质的指导机构，也相继制定出台了一些发挥行业作用的政策性指导文件。但是，目前对行业协会在职业教育发展中的地位和作用做出明确规定的法律条文还较缺乏，支持和鼓励行业协会参与职业教育的政策还不健全，对于行业协会指导职业教育发展的权限规定也比较模糊。所以，目前行业组织指导职业教育的作用还没有充分发挥出来。同时，“各行业协会独立发展的路径也艰难，不具备德国等发达国家的行会那样具有制定标准、主持考试、颁发资格证书的权力和能力”。

（二）组织运行不规范导致生态系统歧变

生态学的乘补原理告诉我们，当组织系统的整体功能发生紊乱，不能互相协调时，系统中的一些强势分子会乘机攫取更多资源，发展成为主导分子，从而改变系统的性质、结构和功能，发生系统的歧变，形成微观层面的障碍。在高职院校推进校企合作、开展产教融合育人模式的过程中，合作各方会协议成立相关组织，这些组织本应充分发挥规范和推动作用，但因为校企合作的管理体制不完善、不健全，各方参与的职责分工不明确，再加上缺乏一套完整的、权威的准则和指导手册，使得组织指导的有效性大大降低，其宏观调控与指导的作用也就不能充分发挥出来。“尤其是在校企合作与产教融合中缺乏相关的协调机构，使其缺乏产业部门以及政府部门的支持，使得双方的利益无法在政策层面得到有效保障。”另外，受市场经济的影响，学校和企业合作后，很容易把效率这一企业文化中的首要要素作为唯一的价值目标追求，导致违背教育教学的基本规律，与学校人才培养目标相偏离，从而失去合作意义。

（三）评价体系不完善导致组织成分异化

教学效果的评价标准具有一定的模糊性和不确定性，容易将产学合作组织的主导成分异化。生态学中的多样性和主导性原理说明，系统必须以优势成分为主导，以多元化结构为基础，才能分散风险，增强系统的柔度和稳定性。生态系统的可持续发展有赖于其结构、功能和过程的主导性以及多样性的合理匹配，如果不具备绿色生态的概念，将很容易导致产教融合模式在运行过程中组织功能的虚化和对教学部分的过度限制，成为企业的附庸。

我国高职教育发展到现在，已经占据了高等教育的“半壁江山”。在这个过程中，各个学校都十分重视人才培养模式的不断创新，不断探索校企合作模式，以推进高职教育适应经济社会的发展。但在现实中，校企合作开展得并不是那么顺利，产教融合并没有得到深入、有效的贯彻和执行[①]。校企合作往往都是学校为了求生存，积极主动地向行业企业寻求合作伙伴，多数企业从获取优质毕业生这一角度考虑才给予配合的过程。因为缺少明确的价值标准，校企合作仅停留在诸如企业提供实习场所等浅层次合作上，并不能真正有效提高教育教学水平和人才培养质量。同时，多数企业缺乏大职业教育观念和战略发展理念，把“追求利润最大化”作为单一价值目标，不能有效履行社会责任，对产教融合教育模式缺乏正确的认识，在具体的专业建设、课程建设、实验实训建设等环节中大多靠感情维系，配合度不高，教育培训缺少标准化、规范化，因而可行性和可操作性较低，合作流于表面形式。从生态学角度来分析，产教融合不能将学校定义为受益者，将企业定义为支撑者，也不能以一方利益受损为代价，需要通过政府、行业企业的协调，使产教融合形成利益共享、目标双赢的局面，这才是产教融合所要实现的最终目标。

三、产教融合生态机制的构建

“经久不息和有控制的发展只有通过制度上的构架才能得到。”因此，要遵循生态学的原理和规律，不断调整、完善合作组织的功能和结构，以可持续发展观为指导，构建一套绿色生态的长效机制，把产教融合这一育人模式推向科学发展的轨道。

（一）进一步强化教育生态意识，提高合作效度

教育生态系统在发展过程中必然会产生这样那样的问题，面临着来自各种环境变化的挑战，因此教育生态系统也存在可持续发展的问题，需要正确处理人、教育和环境之间的关系，确立正确的教育生态意识，努力提高合作效度，在满足行业企业需求的同时，培养符合社会需求的学生，最终实现合作各方的可持续发展。

产教融合这一模式的可持续发展，需要建立以学生为中心的自然—经济—社会复合生态系统，把发展实体经济作为基础，把推进社会发展作为目的，把学生健康成长作为合作中心任务加以确定下来，这是模式能够发展的初心，也是实现最大社会效益的正确途径。

可持续发展观在逐步解决人与自然的关系和当代与后代人的关系后，还应着重在满足人类生存、生活及发展需求的基础上，推动人类社会向前发展。当前，可持续发展观还被赋予了人文精神的含义，在遵循发展的持续性、共同性和公平性原则的基础上，融学校文化和企业文化于一体，把合作文化的建设同时作为教育的内容和环境给予充分的重视，不仅培养学生较高的文化素质，也要锻铸其超越、诚信、创新、居安思危、自强不息等企业

① 邵进．产学研深度融合的探索与思考：基于三重螺旋模型的分析[J]．中国高校科技，2015(8):7-9.

精神。在这个文化横向传播的过程中，要给予学生多元文化价值观的教育，使其在了解、认同校园文化的基础上，平等地包容、吸收、接纳企业文化，以获得将来工作所必需的价值、态度、知识和技能。

（二）完善仲裁、评价组织与机制，加大推进力度

从生态环境的视角考虑，在产教融合教育教学机制建设过程中，需要建立相应的仲裁、评价组织与制度，以加大模式的推进力度。

产教融合已成为职业教育界的共识，要想加大合作力度，取得提高人才培养质量和服务区域、行业能力的实效，还要将其作为学校的指导思想，落实到具体的行动中，不断补充、完善各类组织和运行机制。从优化生态的角度考虑，要根据产教融合各方的实际情况，宏观调控参与方的各种环境要素，如提高参与企业实践锻炼的教师待遇以激发其参与的积极性，加大经费投入以改善教师参加实践锻炼的环境和条件等。另外，在构建相关评价体系时，要遵循生态规律，做到“在评价标准中以价值为主导，将活动主体现实需求与精神需求的满足相结合，使技术平台来源于市场而又高于市场”，引导合作组织遵循教学和生产规律，从而提升合作各方参与产教融合项目的动力。

基于环境优化方面的考虑，可以建立恰当的仲裁机构，健全质量保障体系与评价机制。当产教融合各方的价值追求出现冲突时，需要由仲裁机构进行沟通和协调，及时矫正影响进程和发展的程序、行为，对不符合发展规律的错误意识和行为做出相应处理。所建立的质量保障体系与评价机制应该紧密结合学校与行业企业的实际需求，由校内向校外延伸，从课堂向岗位延伸，实施全方位的质量监控与反馈，以加大产教融合育人模式的力度，实现学校、企业与行业之间的统筹，实现政府主导与行业引导的主体框架机制的健康运行，使学校培养的人才与行业、企业需求对接，最终实现产教融合的育人目标。

（三）建立有效的独立运作机构，提高合作广度

从生态系统的视角考虑，在推进产教融合教育教学时，需要建立诸如委员会性质的独立机构，以利于提高合作的广度。

组织生态系统的优化是指在推进产教融合项目建设时，需要考虑合作组织中各单位、各部门之间的相互关系，确保它们在工作过程中，在教学和生产各方面能够保持有效的联系、沟通和协调，具有统一的功能和价值目标，发挥积极的作用。在实施产教融合时，校企双方要适应区域和行业需求，依托自身的优势资源，共同确定培养目标，共同商讨教学计划，共同研究和开发课程体系，共同组建“双师型”师资队伍，共同制定教学和实践内容，共同建设实验实训基地，共同确定考核标准。

一个完善的生态系统所追求的是生态整体效益的提高。对产教融合的实施各方，需要通过制度的方式规范组织的建立，使之促进各合作方充分发挥自身优势，以有效提高理论教学和实践教学质量，实现事先确定的社会效益的目标。为此，从生态视角考虑，要遵循生态系统的原理，建立部门联席工作机制以及行业指导委员会、教学指导委员会等形式的

合作组织。为了增加此类组织的有效性，需要赋予它们确实的权力，实现从咨询式、松散型机构向决策型、参与型机构发展，并不断优化运行模式，加强其在系统中所起的制约、保障、咨询和监督的作用，不断扩大其职能范围，促进系统不断拓展合作的内容和范围。同时，组织自身要保持一种开放的状态，与其他系统保持密切联系，开展广泛的物质、人员和信息之间的交换，一方面确保其获得的资源能够得到合理而充分的利用；另一方面确保以多种形式、多种途径全方位地提高合作的广度，深入落实产教融合政策，实现生态经济效益和社会效益的有机统一。

（四）建设必要的协调机制，提高合作深度

从生态平衡的视角考虑，在产教融合项目开展过程中，要贯彻程序民主的原则，促进组织人员的多元化，加强沟通协调，以提高合作的深度。

绿色生态的一个重要概念是生态平衡，是指组织的结构和功能在相对稳定的状态下，能够发挥自我调节机制，不断改造并适应周围的环境，持续地拓展自身的资源生态位和需求生态位，产生有序的防御体系，衍生更合理的结构和功能，达到一个新的平衡，产生更高的效能，获取更大的效益[①]。

产教深度融合是职业教育发展的方向，对于职业院校来说，校企合作的深度将决定其生存和发展的高度。为此，要树立产业转型期职业教育必须面向和融入产业发展才有出路的意识，寻求建立科学合理的长效机制的途径，逐步建立起适应市场经济发展、适应现代企业管理制度的学校管理制度和内部治理体系。从战略合作层面讲，需要组建由职业院校、生产企业和行业协会共同参与的理事会、董事会等决策机构；从具体实施层面讲，需要建立教师联盟、学生联盟等中介组织，以有效联结合作中的各方，发挥沟通、协调和服务的作用。加强参与各方的沟通和协调，提升合作的民主性，这是深化校企合作的制度保障和改革方向，也是坚持程序民主原则的必然体现。按照生态平衡的原理，组织的有效性有赖于制定适应的合法程序，保障管理行为的合法性，使得组织权力保持应有的威信和效果，程序民主的“核心问题是人民的参与过程，人民的参与过程是实现民主的根本途径，参与本身就是一种人民行使民主权利的表现”。另外，组织成分的多元化，有利于在做出决策前进行充分有效的协调，有利于大家对决策背景、过程和程序进行监督和质疑，这样才能提高管理层决策的透明度，防止在组织中出现“一方霸权”的现象。合作各方之间既有利益的统一，也不可避免地存在观念、文化、制度、运行方式等方面的冲突，为了把产教融合推向深入，需要建立这种中介组织以协调冲突，妥善处理各类事故，达到组织系统新的生态平衡，这也是深入贯彻产教融合战略思想的有效途径。

当前，我国社会正处在经济深化转型和产业持续升级的时期，职业院校之间的竞争也日趋激烈。从现实来看，产教融合这一育人模式，体现了我国社会经济发展方式转变和产业结构调整升级对新时期职业教育的必然要求，成为构建中国现代职业教育体系的重要内容，是高职教育增强办学活力、提高人才培养质量的有效途径。产教融合的成效取决于教

① 张磊，李俊峰．论推动产教融合发展的内生动力[J]. 中国成人教育，2017（24）:43-46.

育与产业合作的广度、深度和力度，必须从生态学的视角，不断完善合作的组织机构，构建科学和谐的长效机制，真正把产教融合的思想落实到学校管理和人才培养的各个方面，促进现代职业教育持续健康地发展。

第五章　构建产教融合生态圈的创新研究

第一节　教育生态学视野中的产教融合研究与实践

职业教育是与经济社会发展结合最为紧密的一种教育类型，产教融合、校企合作是当前及今后一个时期我国职业教育改革与发展的方向。从教育生态学理念出发，以协同创新平台搭建为基础，构建产教融合生态系统；以校企深度合作为手段，实现系统的运行发展；以互惠共赢为基点，实现系统的良性循环，试图为高职教育发展提供可借鉴的范式。

《国务院关于加快发展现代职业教育的决定》明确提出现代职业教育要求：产教融合、特色办学，推动教育教学改革与产业转型升级衔接，强化校企协同育人。《现代职业教育体系建设规划（2014—2020 年）》更是提出：坚持产教融合发展，优化职业教育服务产业布局，推动职业教育融入经济社会发展和改革开放的全过程。可见，产教融合、校企合作已经成为当前及今后一个时期我国职业教育改革与发展的方向。从生态理念出发，构建产教融合生态系统，形成校企合作育人长效发展机制，能为高职教育发展提供可借鉴的范式。

一、教育生态理念的内涵解读

教育生态学诞生于 20 世纪 60 年代的美国，哥伦比亚大学师范学院的劳伦斯・克雷明在 1976 年首次明确提出“教育生态学”这一术语，为教育科学研究打开了新的视野。教育生态理论以教育为研究对象，从生态学的维度、采用生态学的方法剖析教育的内外部系统，分析教育的生态功能并揭示教育生态基本规律。教育生态理论强调整体性，关注系统内部的每个环节及各因素间的关系，注重系统内部要素的协调及可持续性发展[①]。

教育生态理论的指导思想主要体现为教育生态理论的系统观、平衡观、控制观。系统观指从宏观来讲，教育生态系统与外部环境既相互区分又不断进行信息与物质的交换，相对独立也相互联系，从微观来说教育生态系统内部是由若干因素构成，各因素间相互影响、作用，但功能统一。平衡观指教育生态系统能够相对保持结构和功能的稳定，但这种平衡是一种动态的平衡，要依据社会的发展与需求不断地进行调整，实现系统与环境的同步发展。控制观指虽然教育生态系统具备自我维持和调节的能力，但自我调节力度有限，这就

① 张振飞，伊继东 . 发挥企业作用，深化产教融合 [J]. 中国高等教育，2017（24）:40-41.

需要通过社会调节机制和手段提高系统的承载力。

“任何生态因子总要与周围环境经常不断地处于相互交换之中。”高等职业教育处于整个社会大系统之中，在政治、经济、文化等方面存在信息的交换。特别在经济建设方面，高职教育承担着为社会培养技术技能人才的重任，与产业、行业存在天然的联系，高职院校可持续发展需要对接产业，紧跟行业发展需求，离不开行业的支持。同时，高职院校也能为行业提供智力与人才支撑，在某些方面引领行业企业发展。例如，长沙航空职业技术学院通过近几年的改革实践，构建了产教融合生态系统。

二、产教融合生态系统的组建：协同创新平台

产教融合生态系统是包含了行业、企业、政府、高校等因素的有机整体，产教融合生态系统的组建，需要搭建囊括行业、企业、政府、高校等因素的平台。复旦大学校长杨玉良认为：协同创新就是相同或相似的单元之间通过合作、产生相互作用关系和共振放大效益，形成高效有序的常新机制。职业技术与教育协同创新，依托政府、企业、高校，通过迅速畅通的交换、传播、服务平台，实现产学研的高度融合，逐步把集聚、开发、辐射与形成共享网络的功能结合起来，建设政产学研合一的开放共享协同创新型基地，实现区域范围内职业院校与政府之间、与行业企业之间、与其他职业院校之间资源利用的最大化及效益的最大化。

长沙航空职业技术学院联合航空企业、职业院校、科研院所等70家单位，成立全国首个“航空职业教育与技术协同创新中心”（以下简称中心）。中心定位于航空职业技术与教育，目的是推进航空职业教育与航空产业、企业的合作与交流。中心成立以来，不断完善校企对话和互动机制，制定了中心章程，明确各方职责，实现校企合作有章可依；定期召开年会与举行主题论坛，探讨交流航空产业发展趋势、前沿技术、技术技能人才培养模式、校企合作等多项主题；搭建信息平台，收集、发布航空产业发展动态和技术升级要求、人才供求、员工培训等信息；与理事成员单位在订单培养、员工培训、实训基地建设、课程体系开发、师资队伍培养和技术服务等六大领域开展深度合作。中心的成立，革新了产教融合、校企合作的长效机制和运作模式，让航空职业教育深度融入航空产业链，推进了技术创新及科研成果的转化，创新了人才培养模式，有利于实现技能人才培养的系统化和成长道路的多样化；构建了校企深度合作平台，搭建了学校与企业、学校与学校、企业与企业沟通的桥梁，为产教融合生态系统打下了基础。

三、产教融合生态系统的运行：校企深度合作

产教融合生态系统是一个动态平衡系统，系统的有序运行，需要各因素根据发展变化不断调整自身原有结构。《国务院关于加快发展现代职业教育的决定》明确提出要同步规划职业教育与经济社会发展，推动教育教学改革与产业升级转型衔接配套，推动专业设置

与产业需求对接、教学过程与生产过程对接、课程内容与职业标准对接，强化校企协同育人。为此，长沙航空职业技术学院对接产业调整专业设置，依托行业促进内涵发展。

深度对接产业，调整专业设置。高职院校开办什么样的专业，如何办专业，必须遵循高职教育的发展规律和内在要求，必须对接产业，满足产业发展的需求。长沙航空职业技术学院1998年升格高职院校以来，先后开办了33个专业，涉及8个专业大类。原有办学理念以市场为导向，存在着服务面向不明确，对接产业不紧密，专业特色不鲜明，校企合作不密切四大问题，已经不能适应新形势下航空产业发展需求，不利于学院的长足发展。为此，长沙航空职业技术学院明确了对接航空、服务航空的办学定位，结合航空产业人才需求趋势，围绕航空产业链，采取“撤销、转向、新增”等措施，大力调整专业设置，优化专业结构。撤销与航空产业链对接不紧密的专业22个，新增空中交通管理、无人机应用技术等与航空产业紧密对接的专业10个，到2016年，调整后的专业全部与航空产业紧密对接。

坚持示范引领，实行集群发展。专业群建设是高职院校建设的重点，长沙航空职业技术学院在调整专业结构的同时，依据新的办学思路和服务面向，围绕航空产业链，面向航空维修、制造、服务与管理三大职业岗位群，将学科基础相同或相近的专业划分为航空机电设备维修、航空电子设备维修、航空机械制造、航空服务与管理四大专业群，并明确以重点专业、龙头专业、示范性特色专业飞机维修、飞机控制设备与仪表、航空机械制造与自动化、航空服务四个专业为牵引，带动其他专业发展，形成四大特色专业群，实现了资源的优化与合理配置，提高了办学效益。

依托行业支持，打造双师队伍。高水平的“双师素质”教师队伍是培养高素质技术技能人才的根本保证。真正的“双师素质”教师就是要“上得了讲台，下得了车间”。在“双师素质”教师队伍建设过程中，学院依托企业支持，建设了专任教师和兼职教师队伍。专任教师队伍建设方面，学院新进专业教师，不论职称与学历，若上岗前三年内没有两年以上的企业实践工作经验，均要到企业一线进行为期一年的实习锻炼。在岗专业课教师以五年为周期带着专业建设、课程建设和专项操作技能培养等任务，到企业顶岗培训半年至一年。此外，学院每年选送部分教学管理干部到航空修理企业任职交流，学习企业先进管理经验，了解航空修理前沿技术。在兼职教师队伍建设方面，学院不惜重金聘请企业人才，一是聘请了25名企业董事长、总经理和工厂厂长，作为客座教授，他们每年利用工作闲暇时间到学院做一到两次专题讲座或学术报告，把企业管理理念、文化理念以及技术项目等介绍给师生，拓宽师生眼界。二是兼职教师品牌团队。学院拥有由23名技术专家和126名技能人才组成的兼职教师团队，每个学期安排20到30名兼职教师到校进行专业课教学或实训课教学，参与专业建设和课程改革。

校企共建基地，再现生产情境。实践教学是职业院校人才培养的重要环节，实习实训基地是培养技术技能人才的重要阵地。依托协同创新中心，一年来，学院与理事单位共建了飞机维修、飞机控制设备与仪表等4个校内实训中心、21个实训室、30个校外实训基地。

学院在不断改善实践教学条件的同时，还借鉴现代企业先进生产管理理念，引入中国质量协会现场管理星级评价，以空军航空修理工厂和民航维修企业生产现场为蓝本，推行基于6S的实训教学现场星级评价管理①。引入企业生产现场管理要素，将企业生产现场管理的要素（人、机、料、法、环），转化为（教师与学生）素养、工装设备管理、实训耗材管理、实训教学过程管理、现场环境管理等五大管理领域的考核评价要素，构建实训教学现场星级评价体系。并依据体系，进行实训基地改造与升级，真实再现企业生产情境。同时，把“敬畏航空、敬仰航空、敬爱航空”“航空报国”“无差错、零缺陷”等航修文化理念贯穿于实训教学全过程，营造了浓厚的职场文化氛围。

四、产教融合生态系统的循环：互惠共赢发展

职业教育是与经济社会发展结合最为紧密的一种教育类型，办好职业教育离不开行业、企业的参与。服务行业企业是职业院校的社会责任，提高企业的创新能力，培养企业需要的人才，服务区域经济发展，助推行业企业发展是校企合作的双赢目标。依托协同创新中心，理事单位参与学院人才培养全过程，空军航空修理企业等13家理事单位捐赠阿勒-31ф发动机等教学设施设备和工装869台（套），使学院在人才培养和办学条件上得到提高。学院先后与5702工厂、贵州飞机公司就飞机维修、发动机维修、无人机应用技术专业等12个专业开展订单培养，共计订单培养学生1245人；完成哈飞公司新员工岗前培训班、四川航空股份有限公司员工CCAR-147短期技能培训班、4723厂发动机维修技能培训班等培训任务，培训各类人才1565人，减轻了企业压力，为企业提供了人才支撑。围绕产业升级和技术发展，开展应用技术研究和社会服务（如技术咨询、信息服务、装备服务等），为行业企业发展提供了智力支持。

教育受经济社会发展的制约，但教育也具有相对独立性。职业教育应适应经济社会发展的需求，但更要适度超前发展，由紧跟行业发展逐步向引领行业产业发展转变，实现产教融合生态系统的良性循环。

第二节　生态视角下应用型大学产教融合

应用型大学就是培养适应国家与地方经济发展方式转变和社会转型对应用型人才的需求，全面融入区域经济社会发展和产业转型升级，培养适应地方经济各行业的掌握新技术、具备高技能的应用型专业人才为主的本科高校。“产教融合”就是将生产和实践与教学活动有机结合，即将课堂教育教学与生产的实际相匹配，实现专业理论知识与专业技能提升相关，专业实践与生产实际相联系。

① 陈翔峰. 我国开展校企合作的理论与实践研究[M]. 杭州：浙江大学出版社，2005：15-16.

一、以生态视角探索应用型大学产教融合的意义

高等学校就是一个人工生态系统，需要采取生态保育与优化策略，即通过人为干预、协调高等学校内部各生态主体之间、高等学校与外部社会环境之间、生态系统内各生态因子之间的相互关系和作用方式，调控生态系统的能量流、物质流、信息流，保持生态系统的和谐、平衡、稳定，促进生态演化与发展，保证生态条件资源的丰富度和环境的生态承载力，为人才培养及其质量实现创造优质的生态环境。高等学校要从校园文化、专业建设、课程设置、师资队伍建构和制度规定等方面进行环境建设，以生态监测与评价为主多种手段并用，立足于本校的现存结构基础，制定政策，实施干预，使学生在优质的生态环境中获得高质量的发展。生态视角理论是考察人类行为与社会环境交互关系的理论，该理论把人类成长生存的社会环境（如家庭、单位、社区等）看成是一种社会性的生态系统，强调人的生存环境对分析和理解人类行为的重要性，注重人与环境间各系统的相互作用及其对人类行为的重大影响。

生态学的视角就是要我们站在学生发展的自然角度，学会用不同的质量观看待不同的学校和不同的学生。总之，无论学校定位是什么，专业定位是什么，我们都不能用一把固定的尺子，限制和衡量所有学校和所有学生；我们不能一边强调学校的特色办学和生态位分化的同时，一边却用固定的目标、唯一的标准、统一的方向来约束学生的发展，不同的学校可以设定不同的培养目标，坚持不同的质量标准。但是，不论设定什么目标，坚持什么标准，人才培养质量都是学生与环境相互作用、发展的结果，都是在一定的目标之下通过设计合乎学生发展的过程和教学活动，通过学生的发展而实现的①。生态学的思想是整体和谐思想，人与环境的和谐是实现人才培养目标和质量的现实途径。所以，在这个意义上，生态学视角下的高校产教融和机制探讨，关注的主要方面不仅仅是以什么样的途径和标准，而是关注在一定的目的和目标之下，如何实现高校与政府职能部门、高校与企业科研院所、高校自身内部等在课程改革、教学内容、教学手段和方法、教学环境的和谐以及学校内部环境各组成部分之间的和谐，并探索如何实现学校与校外环境的和谐。因此，生态学视角下的产教融合机制是一个以和谐发展为标准的机制建设。

二、生态视角下应用型大学产教融合的策略

“产教融合”体系是一个有机的生态育人系统，通过改革，实现课程融合、校企合作、师资互换、相互评价等全方位育人体系，提升学生的实践技能和职业素养，培养学生终身学习意识和反思意识，培养具有创新创造能力的高素质技能人才，引导学生在实践中摸爬滚打出真知。

① 巩志娟. 应用型人才培养视角下校企合作模式探析 [J]. 中国职业技术教育，2012（6）：27-29.

（一）环境生态：发挥“政—市—企—校”四位一体的功能，创建和谐的校园文化环境

高校的环境生态是以学校为中心，对学校的发展起着制约和调控作用的多元社会环境（如家庭、机构、团体、社区等）的综合。可以从三个角度来概括：一是围绕学校，结合外部的自然环境、社会环境和规范环境所组成的单纯或复合的教育生态系统；二是以某个学校为大环境，以内部各个行政和教学机构为中轴所构成的生态系统，它反映了学校内部的相互关系；三是以受教育者的个体发展为主线，研究自然、社会和精神的因素组成的生态环境和个体的生理和心理等内在的心理环境的因素。

1. 以完善的法律为支撑，创设促进产教融合的政策环境

一直以来，欧洲很多国家都非常重视发展应用型大学。1966 年，英国就颁布《关于多科技术学院及其他学院的计划》白皮书，通过对高等教育资源的整合和结构调整，形成了与牛津、剑桥等著名研究型大学并存的多科技术大学、城市大学。崇尚理性的德国，在双元制教育的基础上，1976 年颁布《高等教育总纲法》，正式确认了德国应用科技大学在德国高等教育中的法定地位。经济最富有竞争力的瑞士，1995 年联邦政府颁布了《应用科技大学联邦法》，7 个州立应用科技大学，成为一种突出实践导向的新型大学。中央集权最为典型的法国，1971 年通过《技术教育指导法》的实施，明确了高等职业技术教育与普通高等教育是同一层级不同类型的教育模式，形成了大学科技学院、大学职业学院在内的高等教育体系。

相比而言，目前我国技术教育法律建设比较薄弱，没有明确法规对如何有效开展校企合作做支持。因此，要实现产教融合，就应先完善法律支撑的体系。首先，应以立法的形式根据国家对应用型大学产教融合的发展目标和定位将方针政策固定下来。其次，在原有的职教法律法规基础上，适时调整并制定各种实施细则，完善法律保障体系。我国应该在出台的《职业教育法》的基础上，加快制订提升应用型大学的建设、提升行业指导能力的意见、集团化办学指导意见、校企合作促进办法等相关规定。

2. 以政府支持为后盾，以“产学研一体化”促进经济发展

应用型大学的产教融合离不开当地政府的支持，高校的专业建设应适应地方经济建设和产业发展的要求，建立符合人才培养与地方需求相结合的新型战略合作。政府要为应用型大学的发展创造良好的条件，一是通过顶层设计，明确应用技术学校在我国现代高等教育体系中的地位，健全和完善政府、行业和企业共同参与，分别承担主导、指导和参与角色的一体化办学机制；二是在经费上的保障，研究应用型大学生均经费基本标准、生均财政拨款基本标准，中央财政和地方财政应该共同设立示范学校专项资金；三是以信息促进转型，通过对当地经济科技发展的情况分析，适时发布企业和政府人才需求信息，为高校转型提供信息支撑；四是以评估指导转型发展，创建适应应用型大学的评价指标，发挥社会专业评价机构，尤其是行业组织的评价职能。因此，政府应该通过提供全面规划、统筹

资源、投入经费、督导等手段给予支持和服务。政府还应调动社会力量，发挥市场这只“无形的手”，统一大学、学术科研团体和行业企业的力量，形成以学校为主体、以行业和社会科研机构为支撑、既统一合作又各负其责的运行格局。对学校来说，还必须对区域产业特点、就学人口以及行业分布进行分析。

3. 以协同育人为目的，校企合作促进产教融合

从教育视角出发，产教融合主要目的是协同育人，长效的保障机制是以市场为协调，将教育链与产业链融会贯通，通过校企合作共同创造价值，搭建学校、企业、社会协同育人的良性互动平台。校企合作需要从学校给予企业服务力、企业担负育人力、学生技能发展力三个维度进行合作。因此，产教融合最核心的要素是生产与教学的有机融合，如在校内开设大学产业园，对入园单位有标准限值，需要具备法人资格、产权清晰、能自主经营、运行机制好，而且发展方向与学校的学科专业和人才培养相一致，能为学生提供实训和顶岗实习的岗位，并配备一定数量的专业人员进行指导；单位负责人及管理团队具有较强的市场开拓能力，较高的经营管理水平，并有持续创新意识等相关规定[①]。

4. 以校园文化建设为目标，创建产教融合的人文氛围

要注重校园文化教育整体和谐，包括校园文化、专业文化和学术氛围建设等设计。通过校园文化建设，实现走进一个大学，就可以感受到这个大学的校园文化、特色文化、学术文化；走进一个二级学院，就可以感受到这个二级学院的学科文化、专业文化、学术文化；走进一个实训室，就可以感受到这个实训室特有的车间文化、企业文化。这些文化的熏陶育人往往是课堂文化无法替代的，但对学生的影响是深远的。

（二）专业生态：以专业集群建设为目标，创设和谐的专业发展环境

专业生态是指在高校和社会的环境下，外界环境通过政策指引、资金支持、科研设施、高层次人才以及从专业方面向社会输送人才，同时要发表能转化为生产力的成果，通过专业与外部生态环境的协调和交换，使专业发展的生态系统保持着一定的有序状态，处于一种动态平衡之中。

1. 围绕产业集群调整专业结构，创建重点专业群

根据地方产业发展和区域经济发展需求，学校依托重点学科和特色专业，积极开展与企业、行业的协同创新。行业学校是学校与行业、企业深度合作的，包括开发以行业和高校合作的“课程模块”。具体实施可在学生完成规定的公共课程和专业基础课程后，让学生根据个人兴趣和所具备的素质进入某个行业学校选读开设的专门课程模块，采用项目化的管理教学法，通过在创设行业的具体工作环境中培养学生企业实践参与能力并建立对行业的认同。应用型大学的专业应主动对接区域产业需求，形成专业群对接区域产业群。学校设置的专业要主动对接区域主导产业链、特色产业链，要围绕主导产业链、特色产业链打造专业群，将学生培养打造成地方区域生产、建设、管理、服务一线的高层次应用技术技能人才，达到毕业和就业的无缝对接。

① 彭梦娇. 应用型本科高校产教融合的研究：以重庆科技学院为例 [D]. 重庆：重庆师范大学，2016.

2. 构建以企业专家为主的专业建设咨询委员会，促进专业建设科学发展

根据社会经济发展趋势，构建以企业专家为主的专业建设咨询委员会，为学校在专业设置、教学改革、师资队伍培养、课程开发、实训基地建设以及毕业生就业途径的开辟等方面提供合理信息。可定期由学校专业负责人将专业建设、专业发展中的情况和有关问题向委员会汇报，经委员会讨论给出指导建议。学校和专业委员会成员都要重点围绕某一方向开展应用性研究、技术开发研究、产品开发研究、成果转化推广研究等。专业建设必须符合区域特色产业现实发展需要、符合相关企业技术研发需要、符合学校相关专业建设需要，也就是说必须满足“三个符合度”，从而实现学科—专业建设一体化。

3. 建立专业评估制度，完善基于评估监测的质量机制

为保证专业设置符合行业和企业发展的需要，可组建由行业和企业专家构成的教学指导委员会、辅导员和专任教师组成的就业指导委员会以及就业指导中心“两会一中心”的机构，实施以“就业竞争力、生源竞争力、人才培养实力和就业满意度”为主要指标的专业评价，定期对不合格专业采取预警制度，并可以按要求建立教学情况档案，促进各教学部门人员对主要教学环节的监控。

（三）课程建设生态：多种教学方式和内容的结合，体现人的全面和谐自由的发展

课程是高等学校人才培养质量的核心元素，高等学校的人才培养是通过课程来实施的，学校的办学理念、培养目标、价值取向都体现在课程设计之中。教师是通过课程传授知识、指导学生学习和进行能力培养，学生是通过课程学习知识，发展能力与素质。创建满足“三个符合度”的课程，开展“立地式”研究。

1. 以专业课程全面推行项目驱动式教学

引导课程要求与岗位需求相联系，着重考虑实际的岗位需求，将理论基础知识与实际技能相结合、理论教学与实践教学相结合、通识教育与职业教育有机结合以及校企合作培养、工学结合。在应用型大学里，实训课时应该要有较大的比重。实训室的建设遵循环境企业化、内容任务化、作业产品化的原则，力求使课堂教学和实训与企业实际环境相吻合，在授课过程中，不断进行教学方法和课程考核改革，课后让学生自由选择自己感兴趣的题目，通过分组分配任务完成对课题研究方案的设计。学生在完成课题的过程中，提升了面对问题的能力，并在面临问题时能思考出解决问题的思路与想法[①]。

2.“三维一体”的实习和实训相结合

在应用型大学中，可以将项目教学、典型案例教学、任务驱动教学、现场教学、研讨式教学、教学实践一体化教学等相结合。应用型大学生产实习、专业实习和认知实习的“三维一体”实习模式，是为学生了解行业全貌、了解企业生产工艺过程、企业管理工作流程、产品结构等而开设的一个专业认识实习，对应的理论教学环节为专业课程导论课。认知实习、生产实习、毕业实习构成了应用型大学“三维一体”的实习模式。目的是让学生将所

① 邹松林．产教融合生态圈的建设路径研究 [D]．南昌：江西农业大学，2016.

学的基础知识和专业知识深入实际工作中，了解与专业相关的工作岗位的性质，掌握设备的基本原理，为顺利完成毕业设计和解决实际问题做充分的准备。对应用型大学的实训模式，可采用教室与实训室结合的基本技能训练、工厂与实训室合一的综合技能训练毕业设计与研发服务合一的研发能力训练三种实训模式。

3. 以通识课程促进学生职业素质养成

应用型大学不是培养单纯劳动力的场所，急功近利的“作坊式”也不是应用型大学人才培养的路径，而是应该以培养高素质复合型人才为目标。通过职业教育的开展，把职业素养和创业理念的意识都落实到学生的日常学习和生活中，使学生树立良好的职业教育理念。学校可通过开办名家讲堂、读书竞赛以及丰富多彩的专业技能大赛等活动，提高学生综合职业素质。

（四）教师发展生态：加大教师实践经验，促进教师自身和谐发展

教师发展生态，是在以提升教师专业水平、学术道德标准，以师德培养为目的生态进化进程。教师发展生态是本着生态的系统、协调和平衡的特征，将教师与其生态环境、文化、制度等构成了一个有机的与其专业发展密切相关的生态系统，其运行规律也就是教师的成长规律。

1. 以引进来为方式，促进教师实践能力提升计划

从行业企业聘请国内行业专家、企业能手担任兼职教授，定期选派专业教师到合作单位参加不少于 3 个月的专业实习，支持教师考取行业特许资格证书，激励教师提升创新实践能力，提升双师型教师的数量。同时，教师应合理规划自己的专业发展，明晰自己的职业发展目标，合理评估自身专业发展的状态和水平，对所从事的教学工作具有接纳和肯定的心理倾向和能力。

应用型大学，除传统的文献信息资源库外，应重点开发与行业、企业密切相关的各种特色教学资源库，从而实现学校教学资源与企业资源的最大化整合，实现课内教学和课外教学的高度统一。应用型大学的每个专业都与一个或几个行业紧密合作，都与该行业中的若干企业合作，一所大学几十个专业，与之合作的行业有几个、十几个，合作的企业几百家、上千家，充分挖掘这些企业资源、开发利用这些企业资源和教师资资源。

2. 以“三能”教师建设为目标

在应用型大学中任教，仅仅“双师型”专业课教师是远远不够的，而必须是“三能型”的专业课教师，既能讲理论，又能指导实训，还能与企业共同进行技术研发。没有一支这样的“三能型”师资队伍，就根本无法实现应用型大学的办学目标。因此，建设“三能型”师资队伍是应用型大学建设的关键点。学校一方面通过让教师到企业挂职锻炼，实际去了解企业对学生的要求，培养自身的动手能力，并且学校教师和企业技师共同组成教师团队，实现科研成果直接转化为生产力；另一方面通过建立外在的督促机制，引导专业教师达到三能型教师的要求。并通过提高教师的待遇、以心理情感激励和经济待遇激励等建立内化

的能动机制，提高专业教师参与培训进修的自觉性。

（五）管理制度生态：以顶层设计为指引，以学风促融合

管理制度是通过规约教师与学生的行为协调教学活动中的各种关系，保证教学活动的正常运行和控制教学活动的方向，从而保证人才培养质量的实现。教学管理制度之间通过一定的相互关系和相互作用构成了管理制度体系，形成了人才培养的管理制度生态。

1. 以顶层设计为指引，完善产教融合的制度建设

转型的高校要通过顶层设计，以产教融合为重点的校企合作模式，推进教学、科研、人事和管理服务等一系列制度建设，努力建立符合应用型大学办学定位的现代大学治理结构，推动学校转型发展。在学校环境中，学校其他制度、政策对于教学管理制度的制定与执行具有重要的影响，制约着教学改革制度的效力和效果。学校生态系统处于社会环境之中，学校制度又受到社会相关制度的强力制约，社会制度的缺位和越位都会对人才培养及其质量形成产生重要的影响[①]。管理制度生态功能的有效发挥需要管理制度的结构完善和功能协调，需要内外制度的协调一致和相互支持。

2. 严格执行淘汰制度，促进教学质量的建设

在德国应用科技大学中有 15%~40% 的淘汰率，给学生很大的学习压力和动力，也造就了学校极高的声誉。我们的应用型大学可在原有重修、留级、劝退制度的基础上，严格落实课程标准、实践标准、作业要求、考试标准；严格教考分离，实行淘汰制并逐步提高淘汰率，促进学风的进一步提高。

应用型大学实施产教融合式发展战略，就是要以高层次技术技能人才培养、服务于企业技术创新、深入行业生产一线为基本建设体系；“双师型”教师与行业企业“能工巧匠”相结合、健全社会服务保障以及把毕业生就业创业与企业人力资源培养相结合，确立以服务区域经济社会发展为职能，培养高级应用型人才，形成政、校、企之间信息沟通的机制和以评促建的质量保障体系。

第三节　产教融合校企合作全面加速ICT人才生态建设

2017 年 3 月 9 日至 10 日，华为在湖南长沙国际会展中心举办“因聚而生——ΣCO-Partner，华为中国生态伙伴大会 2017”。教育部职业技术教育中心研究所杨进所长和教育部高等教育司理工科教育处吴爱华处长出席会议，杨进所长做了“实行产教融合校企合作，聚焦技术技能人才培养”主题发言，吴爱华处长也发表了“产教融合，共促中国工程教育发展”的主题演讲。

① 林艺芳. 产教融合平台与机制的探索与实践：以福州职业技术学院为例 [J]. 闽西职业技术学院学报，2018，20（4）:41-44.

一、人才培养需要满足新的需求

杨进指出，中国技术技能人才培养面临挑战，全球经济发展改变了产品和服务本质，也改变了产品生产和服务提供的技术和通信形式，这意味着生产和服务过程的变化。为了提高竞争力，工商业特别需要高技能、能动性强和具有创新能力的从业者。这对当下我国高等教育提出了很高要求[①]。质量成为提高技术、技能人才培养的当务之急，而质量管理大师 CROSBY 对质量的定义是——满足需求。

吴爱华也表示，产学合作、协同育人在人才培养过程中具有极大的作用，新经济快速发展对工程教育提出了新的需求，我们要面向未来布局新兴工科专业，建立更多样化和个性化的工程教育培养模式，让工程科技人员具备更高的创新创业能力和跨界整合能力。

二、企业对人才的需求

神州数码华为本部技术中心总经理高洪福在发言中指出，企业的战略决定了所需的人才。代理、分销起家的神州数码，今年提出从分销贸易型企业向技术服务型企业转型，与战略匹配的企业人才需求也从注重营销管理能力、运营管理能力向注重技术服务及研发能力迁移。借助华为售前和售后的认证体系，通过考核认证的人员初步具备了基本工作能力。

高洪福特别强调“技术服务能力不仅仅是售前能做解决方案，售后能做项目管理服务，更包含了良好的沟通表达能力，以及对厂商政策了解和行业洞察力，特别是后两点也是人才生态需要着重培养的学生素养”。

三、聚合资源加速ICT人才生态建设

本次大会上华为提出了其共建、共享、共生和共赢的 ICT 人才生态战略，核心内容是与生态各方共享华为全球领先的技术能力、知识体系、管理经验以及商业实践，通过 ICT 的认证、培训、人才输送等方式为生态利益相关方 ICT 从业者、教育机构以及企业输送养分。

华为企业 BG 中国区副总裁（渠道）杨文池表示，华为愿联合企业、院校、教育主管部门、教育机构、行业组织等多方力量，倾注各方的力量、知识与智慧，共同构筑起 ICT 领域的人才生态。华为愿意持续地为 ICT 人才生态提供强有力的能量支撑，在生态各方角色的共同努力下，助力 ICT 产业可持续的繁荣发展。

华为企业 BG 中国区渠道综合业务部部长张静也表示，ICT 人才需求已从 1.0 时代步入 2.0 时代，1.0 时代通过学习技能解决问题，而 2.0 不仅仅是通过技能解决问题，更需要具备综合能力推动商业应用，华为将坚持多方构建、智慧共享、合作共赢理念，构筑 ICT

① 王为民. 产权理论视角下职业教育现代学徒制建设之关键：明晰“培养产权”[J]. 国家教育行政学院学报，2016（9）：21-25.

融合领域的人才可持续发展体系，互相成就、持续发展。具体将通过 ICT 学院、人才联盟、合作伙伴大学三种具体方式来汇聚各方力量，输送智慧资源共同培育 ICT 未来发展土壤。

特别是针对高校人才培养方面，华为企业 BG 中国区副总裁(交付与服务)李同广提到，华为企业 BG 中国区的产单合作伙伴有近 6000 家，服务的客户 3 万多家，估算其中的从业人员近 50 万，预计未来五年华为所助推的 ICT 产业生态系统对人才的需求将超过 80 万。此种挑战下，华为与北京航空航天大学、北京理工大学、重庆大学、大连理工大学、电子科技大学、东北大学、湖南大学、华南理工大学、南京大学、武汉大学、浙江大学、中南大学共计 12 所高校签署华为 ICT 学院创新人才中心校企合作协议，共同探索面向未来的创新 ICT 人才联合培养模式。据悉 2017 年华为将与 20~30 所高校开展创新人才中心合作，让百名以上骨干教师参与合作并为产业培养千名以上创新型人才。华为 ICT 学院创新人才中心这种人才生态模式的建设，将实现院校教育与 ICT 行业用人需求的快速有效衔接，充分应对未来 ICT 行业人才的需求挑战。

世界经济论坛在《未来工作报告》中指出：到 2020 年，工作世界对从业者所提出的最重要的十项能力分别是复杂问题的解决能力、批判性思维的能力、创造能力，人员管理能力、人际协调能力、情商、判断力和决策能力、服务导向、谈判能力和认知灵活性。华为的人才生态战略也许不能使所有学习者获得以上全部能力，但至少迈出了坚实的一步。

第四节　产教融合背景下的民办高校创新创业教育与实践模式

“大众创业，万众创新”是当下中国的时代强音，已成为激发社会创新活力和经济结构调整与转型升级的重要手段。高校作为培养创新创业型人才的源地，将创新创业教育置于学校改革创新的重要战略地位，是目前亟待探索和实践的问题。本课题立足民办高校创新创业教育，以创新创业人才培养机制构建为重点，以产教融合为主线，探讨“专业教育 + 创业教育”的相融机制，探索“以高校为体、企业和政府为翼”的民办高校创新创业人才培养模式和生态系统建设[①]。

高校创新创业教育是一项系统化工程，涉及高校对创新创业教育的认知、人才培养的理念、组织体系的完善、制度和经费的保障等方方面面。作为民办高校，如何在“双创”背景下探索适用于民办高等院校的创新创业人才培养模式及教育生态系统，成为亟待探索和解决的实践性问题。

① 庄晓钟.基于协同管理理论的合作育人机制建设:以福州职业技术学院为例[J].福建商业高等专科学校学报，2015(4)：48-53.

一、民办高校创新创业教育与实践的发展现状

当前社会教育背景下，民办高等教育发展迅速，民办高校的创新创业教育也越发成为“大众创业、万众创新”的重要内容。但实际上在思维认知、体系建构、体制完善、资源配套、人才培养等方面还存在着诸多问题。

（1）学生层面：认知有误区，缺经验、缺指导。民办高校的学生，尤其是民办高职院校学生，本身起点较低，在创新创业方面往往思维上有误区，认为创业就是创办一家企业，实则不然。绝大多数学生虽有想法，但碍于创业经验与能力、创业胆识与心理品质的不足，最终无法实现创业梦想。调查显示，有 89.8% 的同学在刚进大学时萌生过创业想法，其中 18.2% 的学生有强烈的创业意向，但因缺乏社会经验和创业经历，缺乏面临创业困难的胆识与行之有效的方法，同时缺少系统性的创业指导，最终放弃创业。

（2）人才层面：机制不完善，缺师资、缺课程。师资人才队伍的薄弱与体制的不完善，是制约目前民办高校创新创业教育发展的最大问题。缺乏专业的、实战型的师资队伍，缺乏完善的人才梯队成长机制，是民办高校创新创业教育的现实性困境。①专业型教师数量不足；②师资队伍结构单一，大多数民办高校创新创业师资集中于团委、就业办等相关岗位，缺乏专家型、企业家型等师资；③教师个体的知识结构单一，民办高校指导学生创新创业的教师大多局限于课本的理论知识，缺乏实战型知识和对企业真实运营的管理经验。目前多数民办高校所采用的创新创业课程，与其他类高校并无二致。民办高校及其学生，有其特性，创新创业课程的开设和教材的选定，需要有针对性和适用性，要突显出民办高校学生的个性化成长需求。

（3）学校层面：体制不健全，缺资金、缺平台。创新创业教育是个系统性工程，而非局限于创新创业活动、竞赛与讲座等第二课堂，需要清晰和长远的战略定位，需要将创新创业教育作为学校人才培养的实验田、教学改革的突破口、体制创新的特区，需要校内外资源的有力整合、体制机制的大胆创新。而对于民办高校而言，体制的局限、平台的缺乏、资金的紧张、人才的短缺以及就业的压力等，是开展创新创业教育的极大障碍。如何突破原有体制机制，整合政府、产业、企业和社会相关资源，构建产教融合、产教互动的创新创业小生态，是民办高校推进创新创业教育的战略性选择。

二、产教融合背景下的创新创业教育与实践新模式构建

产教融合是现代职业教育的重要特征，其实质是“教育与产业的融合，政府和市场是推动产教融合和校企合作的两大基本力量”。基于产教融合背景下的民办高校创新创业教育，需要充分发挥市场的决定作用和政府的主导力量，把大学生创新创业教育作为学校重要的发展战略，推进惠及全体学生，融专业、课程、师资、实践体系、制度等于一体的综合性创新创业人才培养体系，积极探索基于产教融合的创新创业教育模式的构建

与实践。

（1）课程体系是基础：基于创业教育 + 专业教育，探索多元立体的课程体系和分层分类人才培养体系。课程体系建设是开展创新创业教育的重要基础。特别是应用型民办高校，尤为需要将学生的职业技能培养与创新创业素质提升放在同等重要的位置，注重专业教育与创新创业教育的有机融合，构建融通识教育、专业教育、创业专业教学、创新创业培训与创新创业实战于一体的创新创业教育课程体系。建设依次递进、有机衔接、科学合理的创新创业教育专业课程群。开发网络创新创业课程，建设以慕课、创业视频公开课等为重点的云课堂创业课程库，满足学生碎片化的学习特点。

在创新创业课程体系的建设内容上，不仅需要构建创业技能型课程，还需要加强创新技术型、思维方法型、文化传承型等层次和类型的课程内容，不断改善民办高校学生创业项目技术含量低、与专业结合度低、市场竞争力低等现实性问题。并基于“创业教育 + 专业教育”于一体的课程体系，探索适用于民办高校的弹性学制、弹性学分管理体系，以及“3+1”“2+1”创新创业人才培养模式与分层分类人才培养体系。

（2）师资培养是关键：“四层网络”师资体系构建，深化师资创新激励与培养模式。师资力量是创新创业教育有效运行和保持高质量的重要保障，尤其是兼具理论教学与实战指导能力的师资[①]。民办高校可通过“四层网络”体系构建创新创业师资体系。构建“四层网络”师资体系。由经验丰富的企业家和专家构成的“战略专家网络”、互联网企业一线精英人士和优秀职业经理人构成的“教练网络”、已具一定规模的初创型企业在校生和校友所构成的“同行网络”以及校内具备专业教学能力和研究能力的教师个人与研究团队构成的“教师网络”共同形成的“四层网络”师资体系，以满足不同阶段、不同创业需求的师资匹配，力图为学生提供创新创业教育理论和实际情景相平衡的创新创业教学，并不断完善创新创业导师遴选机制。创新师资激励与培养模式。实施“引进来、走出去”策略，让校内专任教师与行业企业兼职教师的教学任务与岗位工作任务有机衔接，完善兼职教师教学技能培训体系以及专业技术晋升支撑体系，强调创新创业教学激励，从教改研究、课程改革、导师奖项及奖励、创新创业导师职称评定等多领域激励教师。支持教师以对外转让、合作转化、入股和自主创业等形式将科技成果产业化等，鼓励师生共创，鼓励青年教师走进市场，改革应用型师资聘任制度，吸引有实战与理论基础的企业界精英人士担任学校教学任务，参与学校人才培养。

（3）实践平台是抓手：产教融合、产教互动，深化“创业 + 产业”模式。实践是创新创业教育的核心环节之一，实践平台的打造是产教融合、产教互动的重要体现。民办高校应鼓励企业、政府和社会力量参与创新创业实践平台和创孵空间的建设，探索在校内建设集“空间 + 教研 + 活动 + 孵化 + 服务”于一体的生态型众创空间实践平台，作为项目实践、团队学习、创业活动、创业竞赛、创业孵化、投资基金和社会资源整合的平台，实现智力

① ASHBY E.Universities;British，Indian，African;A Study in the Ecology of Higher Education[M]. London:The Weldenfeld and Nicilson Press，1966.

资产、创业人才与社会资源的有效结合。通过建立校外实训基地，为大学生提供实习实训锻炼岗位，推进企业、产业与教学的融入，以及产学研的合作。探索项目导向制的产学研合作模式与创新创业实战教育模式，深化“创业＋专业、创业＋产业”的培养模式与合作模式。

（4）服务生态是保障：高校为体、企业和政府为翼的“一体两翼”服务生态系统。民办高校创新创业教育服务生态系统的构建，需注重“高校—企业（产业）—政府”三者间的关系，应坚持应用、有效、整合的原则，通过搭建公共服务平台、网络信息服务平台、成果推介平台、创业活动服务平台，打造完整的创新创业教育服务体系，构建立体化创新创业教育生态系统。坚持与当地政府、产业和企业等资源联合共建，坚持“以高校为体、企业和政府为翼”的产教深度融合的创新创业人才培养模式。为学生创业团队提供包括场地申请、公司注册、经费支持、财务和法务支持、政策咨询、项目信息咨询、风险预测、融资对接、创业调研和创业专项资金申领等方面的创业服务。定期举行创业与科研成果展示会或推介会；建立大学生创业联盟和创新创业类社团，举办校级创业大赛，参加省级和全国各类创业及竞赛活动；定期举办创业讲座；针对创业团队的专利成果举办项目对接会，通过专利申报、专利项目对接会等，不断丰富和完善创新创业服务生态系统。

第六章　构建产教融合生态圈实践研究

第一节　职业教育产教融合的理论基础

职业教育产教融合既是重要的政策问题、实践问题，也是一个重要的理论问题。在系统论和社会系统论的框架下，职业教育产教融合是涵盖多领域、多部门的一个复杂系统，是一项系统工程。在教育生态理论视域下，产教融合处于一种良性、和谐的、共生的状态，坚持全面、系统、公开的思考方式。产教融合是产业与职业教育两大领域的对接与融合，涉及众多的社会伙伴关系，体现为共赢共生、互利互惠、文化包容、价值多元、目标一致、共同治理、卓越绩效等诸多特征。在利益相关者理论的视野下，利益分配的制度化成为必然选择，其核心精神为利益的平衡、共享和共建。如何实现职业学校教学过程与企业生产过程的对接，工作本位学习理论提供了直接的理论指导。

在职业教育领域，产教融合不仅是政策问题、实践问题，也是一个重要的理论问题。对产教融合的理论基础进行探讨，无论是在理论上还是实践上均具有重要意义。职业教育产教融合的理论基础主要包括系统论和社会系统理论、教育生态理论、社会伙伴关系理论、利益相关者理论、工作本位学习理论等。

一、系统论和社会系统理论

“产教融合”是人才供给侧和产业需求侧结构要素的全方位融合，涉及学科专业结构与产业结构的适应（宏观层面）、校企双方的深度合作（中观层面）、教学过程和生产过程的一体化（微观层面）等多层面、多结构的问题[①]。在职业教育产教融合问题上，系统论与社会系统理论提供了重要的理论基础。

系统论最初为一般系统论，是生物学家贝塔朗菲（Bertalanffy L.V.）在 1936 年提出的。该理论运用逻辑和数学的方法研究一般系统的运动规律。贝塔朗菲在其经典著作《一般系统论：基础、发展和应用》（General System Theory：Foundations，Development，Applications）中，把系统定义为“相互作用的若干要素的复合体”，并从基本的数学描述公式出发，引出整体性、总和、机构化、中心化、果决性、同型性、反馈性、稳态化（动

---

① 刘其晴 . 职业教育产教融合的理论基础 [J]. 职教论坛，2018（8）：27-32.

态平衡）、层次性、开放性等一系列概念和特征，其中整体性、机构化、反馈性、稳态化、层次性、开放性为基本特征。系统论认为，“系统是由多个部分、按照特定方式结合起来、不断演化发展的整体，它在与其他事物和环境的相互联系中体现自己的属性、功能和价值”。社会系统理论是在系统论的基础上发展起来的，卢曼（Niklas Luhmann）是代表人物，卢曼的社会系统理论将“系统 / 环境”称为观察中的主导性区分，认为“一个系统的结构和过程只有在与环境的关联中才能存在，而且只有在这样的关联中加以考虑才有可能被理解……或者说系统就是系统与环境之间的关联”，其核心思想是“系统向环境开放”并把二者作为一个整体加以思考。巴纳德（Barnard C.I.）的社会系统理论主张，人是具有自由意志、有限选择能力和合作意愿的有限理性人，社会的各级组织是一个由人的合作行为组成的合作系统，这一合作系统的存在和持续运行取决于合作意愿、共同目标与信息沟通三个核心要素在系统中的动态维持。

教育是一个“复杂、开放的社会系统”，是社会大系统中的一个子系统，受社会其他子系统（经济、政治、文化等）的影响并发生相互关系，这些子系统构成了教育的外部环境。在教育系统内部，职业教育是重要组成部分。职业教育如何深化产教融合，系统论和社会系统理论为此提供了重要的理论基础和探究的新视角。在系统论和社会系统论的框架下，职业教育产教融合本身就是涵盖教育、经济、政治、文化等多领域、多部门的一个复杂系统，是一项系统工程。系统的整体性特征揭示了职业教育产教融合不能（也无法）由职业院校单独完成，必须发挥经济系统（含产业、行业、企业系统）、政治系统（政府政策的支持，各部门的统筹协调）、文化系统（企业文化、学校文化的融合，特别是企业文化如工匠精神的培育）的重要功能。系统的机构化和中心化特征要求职业教育产教融合必须建立相关制度和合作机制并围绕主要目标和中心任务开展工作。系统的层次结构特征提示产教融合必须考虑结构的优化、要素的协同共生以及思考的层次性，如宏观层面（国家统筹协调）、中观层面（校企深度合作）、微观层面（校企协同育人）等。“稳态”最初为生理学领域的概念，意为机体内环境的一种动态平衡状态，是一种自我调节机制，引申到社会系统领域，指的是社会系统内部的一种平衡态势，这种平衡不是静止的，而是系统内部处于不断运动的状态，这种状态不会偏离中心稳定点太远。系统的稳态和自组织性特征提示，在制定职业教育产教融合相关政策措施时既不要思维保守、故步自封，也不要前后变动过剧，必须考虑产教融合系统自身的自组织能力和现实承受能力，需要协调好系统的各个要素和各方主体利益。系统的开放性揭示了系统与环境的交换过程本身也是促进系统发生转变的动力，要求随着产业结构需求的变化，职业教育供给侧要做相应的调整和变化，保持一种适应状态，这也是系统反馈性特征的重要体现。此外，系统的反馈性特征还蕴含产教融合建立评估反馈机制的必要性。总之，根据社会系统理论，合作意愿、共同目标、信息沟通是职业教育产教融合必须重视的三个关键词。

二、教育生态理论

在我国职业教育领域，产教结合、校企合作已经进行多年，取得了许多成效，然而也有不少失败的案例，这些案例暴露出一个现实问题，即这种结合与合作常流于表面，学校与企业联系不紧密，合作不畅，效率低下，企业参与度低，等等。在职业教育深化产教融合的背景下，教育生态理论为解决产教融合过程中存在的问题提供了一个崭新的视角。

理解教育生态理论，首先必须把握生态系统的内涵。生态系统（ecosystem）这一概念是由英国植物学家坦斯利（Tansley，A.G.）于1935年首先提出的，指的是“一定地域（或空间）内生存的所有生物与环境相互作用的具有能量转换、物质循环代谢和信息传递功能的统一体”，其基本点在于强调系统中各因子之间的相互联系、相互作用以及功能上的统一，基本原理是“联系”与“共生”①。20世纪70年代，美国教育家克雷明（Cremin L.A.）首次把生态学理论引入教育领域，提出“教育生态学”一词，并系统地探讨了教育生态理论，把教育理解为一个与其自然的、社会的、经济的、政治的、文化的生态环境关系密切的，由时间和空间构成的开放而实在的生态系统，主张要根据教育生态学的观点来思考教育问题，并坚持三种思考方式，即全面地思考、联系地思考、公开地思考。

就职业教育产教融合而言，教育生态理论启发我们要通过分析各种生态环境因素（如产业升级带来的变化）与职业教育事业发展之间复杂的、动态的关系，揭示职业教育发展的规律和生态机制，探索优化职业教育生态环境以促进产教融合不断深化的途径和方法。职业教育产教融合中产与教的互动形成一个系统（或者环境），对双方结合而言可以是内部环境，但是对于某一方来说，另一方则为外部环境，这种外部环境会给对方造成影响。现在要解决的问题是如何使这种融合处于一种良性的、和谐的、共生的状态，这种状态就是生态。从教育生态学的范畴分析，对于任何一方的利益相关者来说，只有实现自身的可持续发展，才能激发其内在动力（愿意发展、愿意付出），而一些反面例子（如目前一些职业院校的校企合作流于表面、停留在浅层、形式化问题等）也印证了这种教育生态建设的必要性和重要性。因此，职业教育深化产教融合，就得营造一种生态环境，避免利益主体一时冲动而追求短期的狭隘目标，要努力实现利益各方的长远的可持续发展目标，实现共赢。

基于教育生态理论，“全面地思考”职业教育产教融合，不但要考虑职业教育领域，也要考虑产业领域，不但要关注学校、教师、学生，关注行业、企业、企业员工，也要考虑当地经济社会发展。针对学生个体，不但要关心其职业教育生涯，更要考虑终身教育，注重关键能力及能力的可迁移性；对待教师和企业师傅，则要注重其专业发展，拓展其职业生涯。“联系地思考”职业教育产教融合，就其核心词“校企协同育人”而言，“协同”是关键。协同就是联系，这种联系是经常的、非形式化的，要赋予实质性内容，即：职业教育的专业设置与产业需求相联系，实现对接；职业教育课程内容与行业职业标准相联系，

① 丁钢．论高职教育的生态发展[J]．高等教育研究，2014，35（5）：59-66.

实现对接；职业教育教学过程与企业生产过程相联系，实现一体化；职业学校毕业证书与职业资格证书相联系，实现对接；职业教育与终身学习相联系，实现对接。其他联系还有教学过程中理论与实践相联系、学校和企业联系、教师与企业师傅联系、学校与家长联系等等。“公开地思考”职业教育产教融合，体现在为多个层面、多个主体共同制定产教融合的政策措施，如政府、企业、学校、社区、媒体等等，增加公共对话的方式，公众广泛参与讨论，而过程则受到公众监督。通过不同观念的广泛、公开碰撞，不断整合，最后达成共识，形成集体智慧，以促进产教融合不断深化。

三、社会伙伴关系理论

职业教育产教融合涉及多方主体，涵盖宏观（国家和中央政府）、中观（地方政府、企业、职业院校、行业组织和其他社会组织）、微观（校长、教师、学生或学徒、家长、企业雇主、企业师傅）等多个层面。如何协调这些主体以促进产教融合的不断深化，社会伙伴关系（social partnership）理论提供了有力的理论指导。

“社会伙伴关系”是市场经济发达国家协调社会利益集团之间关系的一个理论范畴和政治工具，是一套价值体系和制度体系的综合，可运用于建立国家层面以及企业层面的新型关系。博古斯拉夫（Janet Boguslaw）认为社会伙伴关系是有关利益主体（包括劳动力群体、行业企业、国家公共部门等）共同构建的一种区域共同体，其在区域经济发展、社会发展和劳动力开发等方面担负协调功能，并得到民众支持。1999 年，“哥本哈根中心”把社会伙伴关系界定为“一些从事自愿的、彼此互利的、创新型关系的公共机构、企业和公民等共同形成的一种组织关系，该组织通过组合内部的各种资源和能力以达成共同的社会目标”。塞登（Terri Seddon）是研究职业教育社会伙伴关系的国际权威学者，他立足教育领域，主张社会伙伴关系是由相关利益集团建立起来的一种社会学习交互空间，其本质和行动原则为“合作”与“互利”。

社会伙伴关系理论认为，社会伙伴共同致力于精心策划的合作行动与决策，以达成合作成员所制定的共同目标。旧的社会伙伴关系倾向于建立与中央政府的相互联系并形成制度化关系（如德国的学徒制体系或澳大利亚的产业关系体系），其调节机制和工作方式体现为合作伙伴长期存在的“默契”（tacit understandings）；结构上的安排得到与社会伙伴关系相联系的规则、价值和期望方面的文化理解，这些理解不需要达成共识。21 世纪以来，新的社会伙伴关系呈现出如下特征：利益集团和利益及相关者的自我管理；政府扮演的协调者和促进者的角色；精心管理决策过程（治理）；以目标达成与责任分担为导向；构建更具有信心、能力和参与积极性的工作环境和学习场所；重视能力建设（Capacitybuilding）；构建自我调节的共同体[①]。总之，新的社会伙伴关系重视各方利益相关者目标和期望的达成，并诉诸正式的合同来管理这种伙伴关系，或是依据类似法律的某种协议条款，清晰界定社

① 宫峰，谭国锋. 生态位理论下高职院校发展定位研究及实践：以珠海城市职业技术学院为例 [J]. 职业技术教育，2014，35（05）：57-60.

会伙伴各方的角色、责任与相关行动要求；换而言之，建立共同的使命、目标和承诺是新社会伙伴关系的一个重要原则。社会伙伴关系涵盖广泛的领域，职业教育伙伴关系是其中的一个组成部分，它除了具备上述特征外，还明显呈现出组织和自组织的主动性特征。在主动构建职业教育社会伙伴关系方面，塞登（Terri Seddon）和比尔特（Stephen Billett）主张，要解决四个关键问题，即确定目标、获得资源基础或资助、支持主办机构的伙伴关系、协商可持续的工作方法等，而且，随着伙伴关系的发展，在对话、“搭档”和建立人际关系网（networking）的过程方面进行管理，以便对这些过程进行协调，发挥可持续的“组织化”的社会功能，其中，在发展工作方法上，要注意社会和文化背景、包容性（Inclusivity）、准备性（readiness）、参与共同目标等四个方面的问题。

根据社会伙伴关系理论，职业教育产教融合需重视职业教育社会伙伴关系的作用和功能，主动构建社会伙伴关系。职业教育产教融合是产业与职业教育两大领域的对接与融合，涉及多个利益群体和个体，其本质为产业和职业教育双方的深度合作。“合作”一词包含如何处理利益各方的关系问题，而“伙伴”一词则揭示了合作的性质问题：不是一方压倒另一方，而是合作各方的平等相处、共赢互利。互利共赢是职业教育社会伙伴关系的基础和目标，也是开展工作的核心原则之一。由于产教融合不是产教双方表面的、形式上的结合，而是一种深度合作，这种背景下的职业教育社会伙伴关系就不是简单的伙伴关系，而是职业教育产教融合的各方利益主体和多重价值诉求的碰撞、协调、整合之后所形成的新型合作伙伴关系，体现为共赢共生、互利互惠、文化包容、价值多元、目标一致、共同治理、富于生态、共同治理、卓越绩效等诸多特征。为构建和完善这种伙伴关系，就必须创新相关制度和机制，以促进产教融合不断深化，推动实现产教各方的利益诉求和价值。

四、利益相关者理论

当前，我国职业教育产教融合存在的一些问题，如部分企业参与积极性不高，学校方面缺乏自信、动力不足等，其深层次原因部分来自利益相关的问题，在解决这些问题上，利益相关者理论为职业教育产教融合提供了现实的理论基础。

“利益相关者”（stakeholder）一词首次在管理文献中出现是在1963年的斯坦福研究院（SRI）内部备忘录中，被定义为“组织没有这些群体（包括股东、员工、客户、供应商、债权人和社团）的支撑将无法存在”。此后，“利益相关者”的研究越来越受到重视，发展成一种理论，并经历了“利益相关者影响”“利益相关者参与”和“利益相关者共同治理”三个发展阶段，弗里曼（R.Edward Freeman）是本领域研究的集大成者，其关于“利益相关者”的定义成为经典，即“利益相关者是能够影响组织目标的实现或能够被组织实现目标的过程影响的人”。利益相关者理论认为，在不同的管理领域，利益相关者均具有不同的类型，利益相关者对利益的追求是人类的本性，是一种正当的诉求，不应被抹杀。要实现管理的绩效和达成目标，必须根据行业领域和职业性质对利益相关者进行分类，了解各类相关者的利益诉求与价值选择，这是激发其内在活力的基础。基于公平的理念，各类利益相关者的利益必须予以平衡，避免利益主体地位的缺失，为此，对各类利益相关者的利益分配予以制度化成为必然选择，其核心精神为利益的平衡、共享、共建。我国研究者孙玫璐将职业教育利益相关者分为主要、重要和次要利益相关者三大类型，指出各类型利益相关者在职业教育制度形成及变迁中发挥着不同作用，职业教育制度的效率依赖于利益相关各方的合作，职业教育制度变迁过程也是利益相关者的博弈过程。姚树伟提出，只有从本质上剖析各种利益的平衡、分配，才能了解利益相关者之间进行各自价值选择、行为选择的根源，进而了解影响职业教育阻滞或进步的关键所在。

根据利益相关者理论，职业教育产教融合涉及众多的利益相关者，各类利益主体参与产教融合的根本动力来源于各自的利益追求和价值诉求的实现。在利益相关者理论指导下，职业教育深化产教融合首先要转变观念，必须把人们的利益诉求当作是正当的现象，必须深入分析职业教育产教融合涉及的利益相关者的类型，承认和保护各类利益相关者的正当权益和价值诉求，分析各类利益相关者的态度并跟踪其参与状况，同时建立相关制度，创新相关机制。

五、工作本位学习理论

职业教育产教融合在微观层面体现为学校教学过程与企业生产过程的对接，即学做合一，体现为职业学校教师和企业师傅协同育人[①]。如何实现这种对接，如何开展教师和师傅协同育人工作，工作本位学习（work-based learning）理论提供了直接的理论指导。

工作本位学习是学徒制的主要学习形式，20 世纪 90 年代以来，随着人们重新认识到学徒制作为一种学习形式的价值，工作本位学习理论在西方兴起，特别是在高等教育和职业教育领域，“工作本位学习”在澳大利亚、美国、德国、英国以及其他欧洲国家的教育（主要是高等教育和职业教育）政策、理论和实践上均为高频词。20 世纪 80 年代中期，利维（Levy M.）及其同事系统探讨了职业教育领域的工作本位学习问题，把工作本位定义为“学习与工作角色相联系”的学习，确定了三个互相关联的要素：①精心安排的工作场所学习；②提供适切的在岗训练 / 学习机会；③确定与提供相关的脱产学习机会。西格雷福斯（Seagraves，L.）等人认为工作本位学习应从如下三方面来理解：①为了工作而学习（learning for work），即职业导向；②在工作中学习（learning at work），即在企业实施；③通过工作来学习（learning through work），即把在岗位工作过程中所获得的技能和知识（工作经验）应用于与岗位相关的学习中。加拉赫（Gallacher，J.）和里夫（Reeve，F.）提出，理解工作本位学习的关键是要把握四个核心概念：合作关系（Partnership）、灵活性（Flexibility）、相关性（Relevance）、认证（Accreditation）。约翰·布伦南（John Brennan）和利特尔（Brenda Little）归纳了体验导向（experience-led）的工作本位学习组织形式：短暂接触工作场所；短期工作场所学习计划；三明治式实习安排；轮流安排实习顺序；基于就业环境的学习课程；

① 李玉芬．新时代职业教育产教融合生态圈的建构 [J]．教育与职业，2018，（20）：19–25.

直接持证上岗（Immediately Post-Qualifying），继续专业发展。琳·布伦南（Lyn Brennan）认为，工作本位学习通过如下三个方面融入教育计划：就业能力；技能发展；工作场所知识的认知、创造和发展。她归纳了工作本位学习的特点：任务相关性；基于问题（或问题导向）；技术革新性；兼具策略性与需求前瞻性；自动管理和自我调节；自我激励；基于团队；重视提升绩效（个人、企业或组织）。

职业教育深化产教融合过程中，校企协同育人离不开一个关键的学习场所——工作场所；工作本位学习是职业教育产教融合的必然选择（当然，这样表述，并不是要否定学校本位学习的重要性）。工作本位学习，重点放在“学”，而不是“教”，强调个体对实践过程的参与，是一项合作教育机会，经由工作本位学习，企业深度参与到职业教育人才培养过程中。总之，根据工作本位学习理论，职业教育产教融合要求产教双方，特别是职业学校教师和企业师傅，必须根据学生学习目标，通力合作，一起精心安排学生在工作现场的学习计划和相关情境，创新相关机制（如在21世纪初，现代学徒制在世界职业教育领域的勃兴），共同实施育人计划。

总之，职业教育产教融合涉及产业、职业教育两大领域，有其自身特有的逻辑，其理论基础具有复杂性、多样性，并非单一或几个理论所能涵盖的，本节的探讨仅仅是一个尝试。

第二节　新时代职业教育产教融合生态圈的建构

推动职业教育产教深度融合的关键在于构建产教融合生态圈。当前，职业教育产教融合的“非生态现象”突出，表现为政府的行政职能发挥不足，企业参与产教融合的积极性不高，职业院校推进产教融合的主动性不强，校企合作生态圈尚未建立。破解产教融合的非生态桎梏，关键在于构建职业教育产教融合生态圈。具体而言，政府要加强顶层设计和配套制度建设，引导建立关系形态多元的产教联合体；企业要转变观念，主动参与构建校企合作共同体；职业院校要深化人才培养改革，强化与行业企业的发展需求对接；创新和完善产教融合运行机制，保障产教融合的顺利进行。

21世纪以来，信息技术所催生的新业态、新模式、新技术、新产品层出不穷，移动互联网、物联网、人工智能等高新技术的研发和应用使得我国行业产业的发展既面临前所未有的机遇，也面临前所未有的挑战。新的产业发展形势对技术技能型人才的培养提出了新的更高的要求，迫切需要职业教育体系做出相应的变革。对此，国务院在2014年印发的《关于加快发展现代职业教育的决定》中明确提出，要“深化产教融合、校企合作，培养数以亿计的高素质劳动者和技术技能人才”。2017年10月，党的十九大报告指出要“完善职业教育和培训体系，深化产教融合、校企合作”[①]。同年12月，国务院办公厅印发了《关于深化产教融合的若干意见》（以下简称《意见》），对职业教育产教融合工作做出了总体

① 沈铁松，谷伟.试论复杂网络结构视阈下职业教育生态圈构建[J].职业教育研究，2018（9）：44-50.

部署。产教融合是新时代背景下的产业发展要求，也是现代职业教育发展的必然趋势。职业教育产教融合复合性高、参与主体多、牵涉面广，堪称一个高度复杂开放的系统，并且各主体、各子系统、各要素之间相互联系、相互影响、相辅相成，因此，笔者认为，可以用生态圈理论指导职业教育产教融合的实践工作，通过建立完善的产教融合生态圈，以促进职教界与产业界的良性互动和有序发展。

一、产教融合生态圈的内涵和特征

（一）产教融合生态圈的内涵

生态圈理论认为，在某一个空间区域内，生物体之间以及生物体与无机环境之间通过复杂的交互作用而形成的有机整体就是生态圈。20 世纪 90 年代，美国学者 James Moore 首次将生态圈理论应用于商业领域，创造性地用生态系统这一生态学与系统论交叉的概念来解释现代企业所处的环境以及企业与外部环境之间的复杂关系。到了 21 世纪，生态圈理论在社会研究领域的应用日益广泛，诞生了包括产业生态圈理论、商业生态系统理论、组织生态理论等众多分支理论类型。

产教融合生态圈概念的提出是生态圈理论在产教融合领域的具体运用。生态圈理论之所以能够应用于产教融合中，关键在于产教融合是一项政府、学校、行业、企业等众多主体共同参与的社会性工程，教育领域与产业领域的各类要素都将参与这项宏伟工程，完全符合生态圈多元要素、复杂开放的基本特征。在产教融合过程中，政府发挥政策制定和统筹协调的职能，一方面为产教融合、校企合作搭建服务平台，另一方面为各方主体的深入合作提供政策支撑。学校发挥人才培养和社会服务的职能，一方面创新人才培养模式，推进教育教学改革；另一方面依托自身的技术优势、智力优势为企业创造经济价值。行业组织发挥组织协调和资源配置的职能，一方面积极组织更多企业参与校企合作，协调校企合作进程中的相关事务；另一方面帮助学校和企业筹集更多教育资源。企业发挥着育人主体的职能，一方面为技术技能型人才培养提供实践教学资源，另一方面为职业院校教学体系的优化提供决策咨询。综上所述，我们可以将产教融合生态圈定义为职业院校以自身为主体，在地方政府的支持下，围绕地方产业经济发展，与行业企业开展深度战略合作所构成的系统。

（二）产教融合生态圈的特征

一是共享。共享是生态圈得以存在的基础，也是产教融合生态圈的基本特征。产教融合生态圈中的共享包含信息共享和资源共享两个方面。就前者而言，产教融合意味着政策信息、教育信息、产业信息、市场信息的交会融通，通过建立在紧密联系、深度融合机制及组织基础上的信息共享，大大提升了信息流的价值和运用效率。就后者而言，资源共享意味着区域内人力、物力、财力的集成，各类要素资源可以被生态圈中的主体共同享有、共同使用，不仅能够拉近利益相关主体的距离，还能够节约合作成本。二是融合。融合是产教融合生态圈最突出的特征。产教融合生态圈中的融合表现为相关利益主体之间、生态圈各类要素之间形成了相互内嵌的关系格局和发展态势，其本质是合作的深化和升华，是不同主体之间合作的深层次和高境界。产教融合的内涵丰富、形式多样，它包含了教育与产业的融合、学校与企业的融合、教学与生产的融合等，超越了校企联合培养人才的合作层次，将合作范围延伸到产业的整个价值链，是两类具有高度互补性资源之间的全要素、全方位的集成整合和一体化合作，是利益共同体、发展共同体。三是连接。连接是产教融合生态圈的核心特征。正因为有了连接各类资源要素、各类主体的功能，产教融合生态圈才能够成为各主体充分发挥各自“用武之地”的平台。产教融合生态圈的连接有宏观与微观两个层面，就前者而言，表现为“政府—产业—学校”三大主体类型的紧密联系、共谋发展；就后者而言，表现为“学生—教师—企业员工”等主体的密切配合、共育人才。多维度、多层次、立体化的连接关系一方面为产教融合生态圈内的信息和资源共享奠定了基础，另一方面也为产教融合生态圈内各主体的融合发展创造了条件，是产教融合生态圈构建最突出的功能。

二、新时代构建产教融合生态圈的现实要义

（一）构建产教融合生态圈是实现职业教育协同育人的主渠道

协同育人是国家长期以来始终坚持的教育发展战略。早在 2012 年，中国科学院、教育部就联合制订并印发了《科教结合协同育人行动计划》，将“校企协同，合作育人”作为深化产教融合工作的基本原则①。协同育人理念的提出，是协同学理论在教育领域的具体运用，是通过强化多元育人主体的协同，促使协同效应在育人过程中发挥作用。协同育人就是要突破旧有的职业教育学校单一主体育人的一元化教育格局，打破职业教育系统原本的界限，将教育系统、科研系统与产业系统连接以来，构建全新的、更加开放和立体的综合性职业教育系统，实现职业教育学校化育人向社会化育人的方向转变。在此过程中，构建产教融合生态圈无疑是实现职业教育协同育人的主渠道。

第一，构建产教融合生态圈为职业教育协同育人提供了方法论。构建产教融合生态圈是生态系统理论在职业教育领域的运用，主张用整体性、关联性、等级结构性、动态平衡性、时序性等原则看待和理解职业教育协同育人工作，这就为顺利推进协同育人提供了方法论指导。第二，构建产教融合生态圈为职业教育协同育人创造了条件。职业教育协同育人的主体是学校和企业，然而，长期以来，我国市场主体的自主性、高职院校传统人才培养模式的惯性、大众需求的模糊性及社会信息渠道的非畅通性为校企协同育人制造了诸多障碍。在这样的局面下，校企协同育人不得不转而依赖政府的指导和行业的统筹，政府和行业由此成为职业教育协同育人不可或缺的主体。因此，从教育实践的层面来看，构建产

① 张震，刘继广，王全录．论高职院校产学研创生态圈的构建：以河南机电职业学院为例 [J]. 中国职业技术教育，2019（1）：77-82.

教融合生态圈，在更广泛的意义上将更多主体以及资源纳入职业教育体系，为协同育人创造了更加有利的外部条件。

（二）构建产教融合生态圈是推动职业教育内涵式发展的支撑力

近年来，“内涵式发展”已然成为我国职业教育领域的“热词”，注重发展内涵之所以被大多数职业院校所接受并作为一种发展方向，既有职业教育内部发展出现阶段性变化的因素，也有外部环境对职业教育要求日益提高的原因。长期以来，国内职业教育发展一直以外延式发展为导向，具体表现为职业教育规模的扩大、招生人数的增长、基础设施建设的完善等。在这一阶段，职业教育的发展以满足人民群众“有学上”的需求为基本目标。伴随着我国经济发展进入“新常态”，职业教育的发展也面临新的变革，其发展目标也转移到满足人民群众“上好学”的需求上来。于是，创新人才培养模式、提高人才培养质量、优化人才培养结构逐渐成为职业教育在新时期的发展语境，我国的职业教育发展也正式告别了外延式发展阶段，进入内涵式发展的新阶段。职业教育要真正实现内涵式发展，离不开产教融合生态圈的支撑。

首先，构建产教融合生态圈为职业教育创新人才培养模式提供了有利契机。创新人才培养模式是职业教育内涵式发展的基本要求。以往我国的职业教育完全由学校主导，而构建产教融合生态圈是推动职业教育突破传统育人机制、创新校政行企联合育人模式的重要契机。其次，构建产教融合生态圈有利于提升职业教育人才培养质量。通过构建产教融合生态圈，能够打造“产学研”一体化的教学体系，生成“学中做，做中学”的教学场景，进而大大提高职业院校学生的实践能力，提高人才培养的整体质量。最后，构建产教融合生态圈有利于优化人才培养结构。通过构建产教融合生态圈，能够有效强化职业教育与行业产业之间、职业院校与教育市场之间的联系，以提高技术技能型人才培养的适应性和适切性。

（三）构建产教融合生态圈是推动教育形态和学校形态变革的转动机制

新时代职业教育变革的本质是教育从工业文明向后工业文明时代形态的蜕变，其表征在现阶段已经初现端倪，在未来必将更加显著，那就是教育模式从单一主体育人向多元主体联合育人迈进、教育时空从线性三维时空向复合多维时空转变、学习方式从有限方法向无限方法趋近。为了适应这些变革，职业院校的组织形式、部门架构、治理模式、教学逻辑都将发生重大变化。职业教育的全面变革将是一个历史性进程，产教融合则将成为推动这一历史性进程加速的机制。

第一，构建产教融合生态圈推动了职业教育形态的转变。在现代技术的广泛应用和多元化教育资源的大力支持下，职业教育获得了一种混合式、共享式、开放式、动态式发展的全新形态。例如，在师资力量建设方面，构建产教融合生态圈相当于打造了一个具有高流动性的“人才库”，一方面可以吸引产业领域的资深人士和技术人才投入职业教育办学中，拓宽了职业教育的人才来源渠道；另一方面可以为职业院校教师提升专业素养和实践能力提供培训平台。在教学方面，构建产教融合生态圈突破了学校和企业的边界，让车间成为教室、生产线成为课堂、技术员成为导师，不仅重构了整个教学过程，也大大丰富了教育资源。第二，构建产教融合生态圈推动了学校形态的变革①。通过引导产业资源投入职业教育办学，促使职业教育领域的学校形态发生了两大变革：一是混合所有制办学模式的出现，二是职业教育集团的兴起。混合所有制办学增加了职业教育办学的主体类型，为职业学校办学活力的增强注入了新的元素；职业教育集团的兴起进一步夯实了职业教育办学的经济基础，丰富了职业教育办学的内涵。这两者共同引领职业教育学校形态的变革，而这些变革的产生，正得益于产教融合生态圈所赋予的动能。

三、当前职业教育产教融合生态圈建设存在的问题

（一）政府的行政职能发挥不足

当前我国的职业教育管理体制还处于以政府主导为主、市场化办学为辅的阶段。在推动产教融合生态圈建设过程中，政府肩负着政策制定、平台搭建、资源配置和监督管理等职能，责任重大。然而，从当前的产教融合生态圈建设实践来看，政府的行政职能发挥不足，未能对各方主体的合作育人形成有效支撑。

第一，在政策层面，促进产教融合的相关政策法规与运行机制不健全，且落实不力。纵观当前全国各省市的产教融合推进情况，尽管各省级政府基本都出台了支持职业教育产教融合、校企合作的政策文件，但政策的内容大多停留在方向引导、宏观指导层面，缺乏能够落地实施的具体办法和操作细则，并且因为政策所倡导的内容缺乏相应的配套运行、激励机制，使得政策内容只有借鉴意义，对校企合作、产教融合的实际推动作用比较有限。第二，在经济层面，支持产教融合、校企合作的财政性经费支持力度不足。在当前的校企合作育人过程中，企业所负担的成本通常高于学校，因此，政府应当给予企业较大力度的经费补贴，以降低企业的育人成本。第三，在监督管理层面，政府在履行指导、监督、管理、协调等职能方面同样存在缺位的现象。很多地方的产教融合、校企合作都处于学校、行业组织、企业自发自为的状态，随着市场的变化以及其他因素的干扰，校企合作运行机制可能出现不适应外部环境变化的情况，这时极易诱发校企之间的矛盾纠纷，而一旦缺乏第三方权威机构的介入，就有可能造成校企协同育人工作半途而废。

（二）企业参与产教融合的积极性不高

《意见》明确指出要“强化企业重要主体作用”，并提出了“拓宽企业参与途径”“深化‘引企入教’改革”“开展生产性实习实训”等多项引导企业参与职业教育产教融合的办法措施。但就现阶段产教融合的推进情况来看，企业参与职业教育办学的积极性并不高。很多地方开展的职业教育校企合作都停留在项目式合作层面，通常是基于学校与企业之间的某些关联性需求而进行的短期性合作，项目完成即终止了合作关系。在这样的合作状态下，企业

① 朱婕．教育生态学视野下高职院校发展研究 [D]. 华中师范大学硕士论文，2010.

无意介入人才培养过程；职业院校也难以借助企业的资源提高人才培养质量，产教融合更无从谈起。

企业参与产教融合的积极性不高，主要有三方面的原因：第一，企业的市场经济主体性质。企业是经济组织，其决策和行为动机主要来源于对经济利益的追求；职业院校是教育机构，承担的主要社会职能是培养技术技能型人才。企业与学校之间主体性质和社会功能的不同本身就决定了其合作的高难度。第二，企业的社会责任意识有待增强。在欧美等地区的发达国家，企业参与职业教育办学的比例都很高，这不仅因为这些国家拥有健全完善的法律法规和补贴政策，还因为企业管理者通常对职业教育产教融合的重要性有充分的认识，愿意积极主动地承担起育人的主体责任。而在我国，大多数企业管理者都认为教育是学校的事，企业一旦认定参与职业教育办学无利可图，就会敬而远之。第三，企业负担的育人成本过高。实事求是地讲，当前职业教育产教融合的运行环境和机制对企业并不“友好”，一方面，企业参与职业教育办学的制度保障不健全，使得企业在维护自身的合法权益方面存在模糊性，放大了企业的育人风险，增加了企业的顾虑；另一方面，企业接收学生实习实训，除了显性的成本投入以外，还负担着诸如管理负荷加重、生产进度受影响等隐性成本，使得企业更难以下定决心与职业院校展开深度合作。

（三）职业院校推进产教融合的主动性不强

职业院校是技术技能型人才培养的主体，也是产教融合最大的受益者。职业院校应当是产教融合的坚定支持者和大力推动者，是产教融合过程中行动最积极的一方，但令人遗憾的是，当前产教融合的实际情况并非如此。不少地方的职业院校不仅没有在深化产教融合的背景下积极行动起来，还存在刻意回避校企合作的现象。究其原因，主要有以下几点：第一，教育理念落后。由于部分职业院校对现代职业教育理念的贯彻落实不到位，对产教融合、校企协同育人的现代职业教育办学模式的作用和意义缺乏深刻的认识，导致其在职业教育现代化建设进程中反应迟缓。第二，人力资源市场发育程度不足。我国地域社会经济发展不平衡，不同地区对人才规格的需要不尽相同，如东部经济较为发达的省市需求大量高技能人才，而中西部地区诸多省市的现代化产业集群尚未形成，行业企业中的大多数岗位仍然被传统型的低技能劳动者所占据。第三，教学管理的压力。在我国，产教融合、校企合作还属于“新生事物”，制度建设不完善、办学模式不健全、运作机制不清晰，这使得一部分职业院校担心贸然推进产教融合会破坏教学秩序，并带来教学管理的压力，甚至影响办学成效，因而缺乏积极性。

（四）校企合作生态圈尚未建立

校企合作生态圈是指在产教融合生态圈的宏观架构之下由学校的教学系统与企业生产系统相结合而形成的局部性生态系统。它是产教融合生态圈的核心部分，对产教融合生态圈的构建起着重要的支撑作用。近年，国家出台了很多鼓励和支持职业教育校企合作育人的政策文件、办法措施，校企合作也日益得到各级地方政府、职业院校和行业企业的重视，从整体上推动了校企合作的进程，提升了校企合作的层次和水平。但从现阶段的校企合作实践来看，由于政府的行政职能发挥不足、行业企业的参与程度不高、学校缺乏主动性等问题，在一定程度上导致了校企合作的功利性、短期性、随意性和不稳定性，严重制约了职业教育校企合作生态圈的构建进程。具体而言，其主要表现在以下三个方面：第一，资源和信息共享不充分。当前很多地区的职业教育校企合作层次不高、深度不足，职业院校的技术资源和智力资源未能注入企业，没有发挥出校企合作中职业院校的资源优势；行业企业未能参与职业院校人才培养的全过程，其所掌握的市场信息优势也无从体现。第二，校企之间融合程度不足。构建校企合作生态圈，关键是要建立起学校与企业“你中有我，我中有你”的融合发展格局，但实际上，由于当前校企合作制度不完善、机制不健全、模式不成熟，学校和企业之间难以建立起价值观兼容、利益深度捆绑的合作关系，使得校企合作育人的效果大打折扣，并进一步加大了校企生态圈建立的难度。第三，校企之间的有效连接点过少。如前文所述，由于职业院校和行业企业属于两种不同类型的社会主体，在价值追求、目标导向和利益诉求等方面的差异明显。在这样的状态下，要构建校企合作生态圈，就必须在两者之间寻找有效的连接点，增强校企之间的耦合性①。然而，在当前的校企合作实践探索中，学校和企业之间除了人才培养和浅层次的资源互补以外，真正有效的连接点很少，导致校企融合发展的前景不明。

四、新时代职业教育产教融合生态圈的构建路径

（一）政府要加强顶层设计和配套制度建设，引导建立关系形态多元的产教联合体

在新时代下构建产教融合生态圈，首先需要政府加强顶层设计和配套制度建设，发挥自身的调控和协调作用，引导建立关系形态多元的产教联合体。

第一，政府要进一步完善现有的产教融合支持政策。从中央到地方各级政府应当在政策层面加大对产教融合的支持力度，扩大产教融合的财政补贴以及税收、金融优惠范围，营造更加有利于产教融合生态圈构建的政策环境。第二，政府应当进一步加强法律法规建设。政府应当进一步加强支持产教融合法律法规的建设，一方面应当尽快修订现行法律中不适应产教融合实践的条文，另一方面要增加支持产教融合生态圈构建的法律规定。第三，政府应当做好平台搭建工作。首先，地方政府要牵头成立区域性的行业职业教育联盟，并将其纳入主要的产教融合参与主体，使之成为自觉推动产教融合的教育联盟成员，以方便后续工作的开展。其次，地方政府应当组织搭建信息沟通、技术支持、资源共享平台，紧密行业、学校、企业之间的关系，提升内涵建设质量，共同开展教学、科研、生产、职业资格鉴定和职业培训，实现人才、项目、技术等方面的共享。

① 管丹.“校企合作”与“产教融合”概念辨析[J].职教通讯，2016（15）：41-42.

（二）企业要转变观念，主动参与构建校企合作共同体

当前我国企业参与职业教育办学的积极性不高，这固然有体制机制不健全、政策法规不完善、社会支持不足等因素，但企业自身的原因同样不容忽视。在职业教育市场化办学程度越来越高、国家积极推动产教融合的大背景下，企业应当及时转变观念，主动参与构建校企合作共同体，在为职业教育产教融合生态圈构建贡献一份力量的同时，也为企业的长远发展提供更大的潜力和后劲。第一，企业应当树立全局观，深化对产教融合的认识，充分意识到职业教育产教融合对行业、产业发展的重大意义。行业企业首先要站在全局的高度看待和理解产教融合、校企合作，主动对接国家发展战略，积极融入区域职业教育联盟，为企业经营宏观环境的改善贡献力量。第二，企业应当树立正确的人才观，充分认识到协同育人为企业创造的潜在价值。企业有必要树立正确的人才观，摒弃浅薄、短视的育人思维和做法。第三，企业应当强化社会责任意识。一个有社会责任感的企业，理应在追求经济利益之外发挥更大的作用，更好地服务社会、造福大众，承担更多的社会责任。构建职业教育产教融合生态圈是一项利国利民的百年大计，是企业的用武之地。

（三）职业院校要深化人才培养改革，强化与行业企业发展需求的对接

职业院校要积极深化人才培养模式改革，通过切实有效的教育改革抓住历史的机遇，化解来自各个方面的挑战。第一，职业院校要改革人才培养模式，建立多元化产教融合协同育人模式，实现人才培养集约化。首先，职业院校应当依托有特色的重点专业或者专业群，对应行业企业开展“点对点”式的校企合作。这是推进产教融合的有效途径，也是最适合在中小企业聚集的区域实施的校企合作类型。其次，职业院校可以依托一个专业或者专业群与区域对应行业的多个企业同时开展合作，共同建立目标一致的校企协同育人平台，让职业院校成为区域行业发展的人才储备库。最后，职业院校应当积极介入区域主导产业链的人才培育体系，实施跨专业、跨专业群、跨行业的多元化技术技能型人才培育。一方面可以与区域龙头企业集团合作办学，提升自身的办学实力和教育质量；另一方面可以充分吸收产业链上下游企业加入合作办学平台，实现多元化人才一条龙输送。第二，职业院校要强化与行业企业发展需求的对接，依托科技园、产业园等园区，积极推进人才培养与社会服务同步转型。首先，职业院校要加强与当地科技园、产业园、工业园等园区之间的联系和协作，通过订单式培养、校企共建专业、创办教学工厂、共建二级学院等灵活多样的形式与行业企业开展多领域、多形态、多层次、立体化的全方位合作，实现产教深度融合。其次，职业院校要持续提升社会服务能力，通过为合作伙伴企业创造更大的价值，不断吸引更多企业加入区域产教融合生态圈建设。如职业院校可以围绕企业重点技术需求提供技术攻关、科技研发、信息咨询、人才培训等服务，学校教师和企业技术人员可共同组成教学团队，实施项目化教学，实现社会服务与人才培养的同步转型。

（四）创新和完善产教融合运行机制，保障产教融合的顺利进行

当前我国的产教融合生态圈构建面临诸多困难，主要原因之一就是没有建立起较为完

善的产教融合运行机制，导致部分地区的产教融合实践陷入盲目混乱的泥潭。因此，创新和完善产教融合运行机制，保证产教融合的顺利进行，就成为当前构建产教融合生态圈最紧迫的任务。第一，要尽快构建产教融合的利益协调机制。一方面，政府应当进一步加大对企业参与职业教育办学的补贴力度，尤其是在校企产教融合初期，由于校企双方还处于适应阶段，往往不能满足企业的利益需求，因此，需要参照发达国家的做法，通过财政补贴、退税、减税以及免税等政策来鼓励企业参与校企产教融合。另一方面，职业院校要充分利用自身的智力资源和技术资源，为企业的技术攻关、产品研发、流程优化等创造更大的价值①。与此同时，职业院校师生所拥有的知识产品和技术开发、产品设计成果也可以依法在企业作价入股。第二，构建立体多元的产教融合质量评估和反馈机制。一方面，要建立多元主体共同参与的产教融合质量评估机制。在具体办法上，可以由地方政府以及教育主管部门成立督导小组，制定产教融合质量评估的标准、流程以及指标；由职业院校和企业代表共同成立监管委员会，定期对产教融合的内容、形式、成果、收益等进行评价与检测；由市场化的第三方主体如行业组织等承担评价与检测结果的监督工作，由此形成全面、多维、立体的产教融合质量评估机制。另一方面，要建立流畅高效的评估结果反馈及调整优化机制。产教融合质量评估结果产生以后，应当由地方政府及教育主管部门通过信息平台汇总、分析并下发给各主体单位，根据评估结果实施奖惩并进行公示，同时依据评估结果对现有的产教融合运行机制以及流程进行优化调整。

第三节　产业转型升级视角下职业教育产教融合

推动职业教育产教融合是实现产业转型升级的重要途径。当前职业教育产教融合中存在着政府推力不足、企业动力不足、行业指导职能弱化、缺乏完善的制度保障等问题。破解职业教育产教融合中的症结，服务产业转型升级，应加强立法建制，推动职业教育产教融合的法制化；强化产教融合的顶层制度设计，发挥政府的推动作用；寻求利益共同点，激发企业参与职业教育产教融合的积极性；提升行业指导能力，发挥其在职业教育产教融合中的协调作用；搭建多元化经费投入机制，为产教融合提供充裕的经费支持；构建政、校、行、企协作平台，打造互利共赢的产教融合生态圈。

一、职业教育产教融合是推动产业转型升级的必由之路

面对全球发展形势和国内经济社会发展的现实要求，我国先后出台了“一带一路”“供给侧结构性改革”“中国制造 2025”等重大倡议、改革和战略决策，希望以此引导国内企业在经济新常态阶段提升自身的核心竞争力，实现转型升级。在我国许多行业的一线工作

① 蔡瑞林，徐伟.新公共管理理论视野下高职院校产教融合平台的构建[J].高等职业教育探索，2019（1）：11-15.

岗位上，技术型人才是主力群体，是决定其所处行业发展速度和质量的重要中坚力量。国内企业若想提升自身的核心竞争力及生产效率，必须加大对技术型人才的引进力度。这就需要企业根据自身的业务范围、产业布局及组织框架情况，引入更多的理论知识扎实且技术能力过硬的复合型人才。在诸多经济发展政策的推动下，国内不同产业的经济结构将发生显著变化，不少企业已根据市场需求对人才招聘要求进行调整，这就要求技术型人才必须掌握基本信息化技术，不断提升自身的专业素养。此外，在内部人力资源分配上，我国多数企业已进一步降低低端劳动者的占有率，希望引入更多的复合型技术人才，以降低企业人力资源的成本投入。职业教育作为市场经济环境中技术型人才的主要输出窗口，应根据就业环境的变化提升自身教学质量，为国内企业培养更多的优秀技术型人才。

鉴于职业教育在市场经济环境中的特殊地位，职业院校自身课程体系的完善、人才培养理念的创新离不开先进发展思路的引导。产教融合作为现代职业教育发展的主要方向，既是职业教育自身教学特色的主要体现方式，也是广大职业院校人才培养模式改革的重要路径。在注重技术型创新的今天，产教融合已成为提升职业教育教学质量的必由之路。对于职业院校来说，主要通过校企深入合作来实现产教融合。在校企互动越来越频繁的背景下，职业院校一方面能及时掌握市场经济环境下国内企业对于技术型人才的需求，为其专业课程体系的完善提供参考；另一方面也能在校企合作、交流过程中，与企业共同探讨技术创新问题，充分发挥校内科研机构在技术研发中的作用，为提升企业的技术创新和科研转化能力做出贡献。

随着高等教育大众化的发展，越来越多的人认为：接受普通高等教育是通向成功的关键，接受职业教育难以在人才竞争中取得优势。这种对职业教育的片面化认知导致国内技术型人才缺乏，进一步阻碍了国内产业的持续发展。此种现象并非国内专属，即便在西方发达国家，他们在职业教育发展过程中也存在类似现象。面对发展困境，西方国家已经纷纷选择通过产教深入融合的方式提升劳动者的素养及技术能力，以此重新树立职业教育在人们心中的形象[①]。以德国为例，“二战”之后，德国经济迅速下滑，教育作为劳动力输出的基础单位，自然成为改革创新的关键。在此期间，德国在产教融合发展思路的引导下，提出了“双元制”职业教育，希望将“德国制造”的发展理念更好地融入职业教学体系，在提升劳动者技术能力的同时，进一步提升劳动者的职业素养。在“双元制”职业教育发展模式的促进下，德国经济发展迅速，而“双元制”也被诸多国外学者形象地称为德国经济复苏的“秘密武器”。德国的职业教育实践表明，产教深入融合有利于提升职业教育机构人才培养的针对性、持续性，能有效降低企业人力资源开发的成本，让市场经济环境内企业将更多的资金用于技术能力的提升。“十三五”时期，国内诸多中小型企业逐渐踏上转型发展道路，这就需要企业在发展中创新商业模式、优化人力资源结构、拓展自身业务范围，以此提升生产效率。技术岗位作为生产效率提升的关键，应加强高技术、高素质人

① 陈慧敏.产教深度融合背景下的校企协同育人探索与实践[J].常州信息职业技术学院学报，2018（6）：11-14.

才的引入。职业教育在我国产业转型升级的关键时期，应以产教融合为核心优化职业教育体系、创新人才培养模式，进而满足产业转型升级对多元化人才的需求。

二、产业转型升级下职业教育产教融合症结剖析

（一）职业教育产教融合缺乏完善的制度保障

完善的制度内容是职业教育产教融合发展的根本保障，也是职业教育人才培养工作顺利开展的基础。要改变我国职业教育发展现状，加快落实产教融合政策，需要各级政府出台与之配套的规章制度。然而，在各种制约因素的影响下，当前职业教育产教融合制度建设依然存在诸多不足，尤其在激励政策、管理机制、法律法规建设等方面，难以为产教融合的顺利开展提供保障。在激励政策方面，与传统意义上职业院校单一的教育模式不同，推动职业教育产教融合需要不同行业企业的积极参与，协助职业院校开展教育活动。但是，由于目前政府机构所出台的政策在内容设计上较为宏观，缺乏强制性，在产教融合深入发展阶段无法规范企业的参与行为，致使不少企业在校企合作教育开展过程中仅仅关注自身的经济利益，不愿主动融入职业院校的人才培养过程；校企之间缺乏更深层次的交流，难以体现产教融合发展的现实意义。在管理体制建设方面，作为一个系统的发展工程，产教融合的深入实施需要职业院校、地方政府及社会企业三大主体的相互协调及配合。政府部门作为协调性机构，应在实际发展过程中发挥自身的组织协调作用，通过建立相关制度，明确职业院校、行业、企业等主体在产教融合实施过程中的地位、责任分工，监督校方、企业单位工作的落实。尽管职业教育产教融合政策出台以后，教育部门在职业教育法中明确了政府、职业院校及企业的责任，但没有详细规定各组织机构的具体责任内容，致使国内产教融合政策实施时存在缺乏主体或主、客体颠倒的情况。此外，与其他经济政策类似，产教融合政策的实施也需要国家法律法规的保护。尽管自 2014 年起，国家针对教育发展现状，在产教融合政策制度建设方面投入了大量精力，国务院也在《关于加快发展现代职业教育的决定》中明确强调了在职业教育发展中落实产教融合的重要性，充分肯定了产教融合的价值，但在产教融合发展的相关法律法规建设上较为滞后，致使不少地方职业院校在与企业合作时，无法通过法律途径维护自身的权益。

（二）政府对于职业教育产教融合的推力不足

作为实施政策的协调组织及监督机构，政府部门在职业教育产教融合政策的实施中有着决定性影响。尽管在国家的号召下，教育部门现已通过文件发布的形式，进一步完善了产教融合发展政策，要求校企加强交流与合作、共同培养更多高素质的技术技能型人才，但现有政策文件在内容设置方面以鼓励、倡导为主，缺乏执行层面的引导性政策，导致校企双方难以在产教融合实施过程中形成默契。实践表明，产教融合发展的深入发展必将涉及不同主体资源的整合，在整合过程中因不同主体考虑的侧重点不同，因此在校企合作的责任、权利及利益分配上极易出现分歧，需要国家通过法律法规给予明确规定，保障校企

合作更加有序。然而，至今国内立法机构尚未针对职业教育产教融合建立一套较为完整的法律制度体系，仅有国务院相关部门、地方的法律法规有一些提及。在经济法律文件中，没有针对校企合作、产教融合出台专门规定，也没有建立学校与企业之间经济利益的分配标准。虽然国家在产教融合的政策建设上做出了大量的努力，并于 2017 年 12 月出台了《国务院办公厅关于深化产教融合的若干意见》，其中对强化企业重要主体作用做出了相关的任务分工，但从分工内容来看，仅仅进行了宏观层面的规划指导，在具体的制度建设上还有很长的路要走。一旦具体制度建设无法跟上产教融合的发展步伐，将很难引导校企双方走规范化合作道路①。此外，实际调查发现，尽管诸多职业院校在多年的产教融合尝试中已经积累了丰富的发展经验，但仍然没有权威机构建立一套完整的指导性手册，以明确企业参与职业院校人才培养的具体要求，指出企业可享受哪些方面的特权、需承担哪些义务及责任。法律、制度及政策方面建设迟滞，使得不少职业院校在产教融合发展中难以与企业建立长久合作机制。由上述情况可见，当前政府部门在职业教育产业融合发展的政策推广方面存在诸多不足，致使不少职业院校还未全面了解产教融合发展的实质内涵。整体来看，目前政府机构在产教融合推广方面的不足主要体现在以下几个方面：其一，未能及时根据校企合作的实际情况出台相关管理机制，明确校企双方的分工；其二，未将职业资格证书与人才培养的关联性体现出来，致使校企双方的合作缺乏规范性；其三，政府机构还未明确自身在校企合作中的地位，未将组织协调作用发挥出来；其四，尚未根据市场经济情况，建立社会化评价机制，对参与产教融合企业的资质进行客观评价，确保校企合作质量。多方面的不足导致校企双方在实际合作中流于形式，难以形成真正的默契，无法合力培养高技能型人才。

（三）企业参与职业教育产教融合的动力不足

在市场经济背景下，行业之间的分工日益明确，企业的生产功能与学校的教育功能逐渐划分出明确的界限。在行业竞争压力日益激烈的今天，不少企业缺乏参与产教融合的发展动力，即便是响应国家政策来参与职业院校产教融合，也多半是浅尝辄止，不愿与校方展开深入合作。作为以营利为发展宗旨的企业，以追求利益最大化为主要目标。尽管从表面看来，由于人才培养需要耗费大量的人力、物力及财力，因此不少企业在实际发展过程中，并不愿意将人才培养纳入产业价值链，更倾向于借助产教融合与校方展开合作，以此降低自身的人才培养成本；但发展事实表明，企业与校方开展合作并非“免费”，它们也需要向学校提供大量的资金、设备，为职业院校教学活动的开展提供保障，甚至也会定期到校参与学校举办的实践课程教学，这也将耗费大量的资金。因此，与和校方合作相比，企业更倾向于将设备及资源用于内部人才培养上，这样一方面能体现出自身的人性化管理，提升对优秀人才的吸引力；另一方面，也能将资金用于购买专业化设备或直接投放到生产一线，为企业带来经济利益。国内不少发展较为成熟且资金较为雄厚的企业，若非考虑企业社会形象的塑造及企业品牌知名度提升的原因，并不愿意主动加入职业院校的产教融合

① 范如国．复杂网络结构范型下的社会治理协同创新 [J]. 中国社会科学，2014（4）：98-120.

发展队伍。与此同时，反观我国多数中小型企业，迫于运营资金的压力，在转型升级阶段一般只有在岗位需要人才时才会招聘，平时并不注重人力资源的储备，也没有将更多的精力和财力放在产教融合发展中。大型企业的不屑及中小企业的力不从心，使得职业教育产教融合陷入进退两难的局面。

此外，职业院校作为以培养技术技能型人才为主的组织，与其他普通院校相比，在理论创新方面较为薄弱，也难以给处于转型升级中的企业带来具有潜在商业价值的思想。虽然大型企业愿意为学生提供顶岗就职的机会，但因现有的技术能力有限，顶岗实习结束以后能留岗就职的学生数量较少，使得不少企业参与产教融合的投入资金与收入难成正比，反而给企业生产埋下了诸多安全隐患，致使校企双方在合作过程中难以实现共赢。这导致企业在产教融合发展过程中的积极性不高，不愿意投入过多的精力和资金成本。除以上两点因素以外，校企双方的文化差异，也是当前不少企业不愿积极参与产教融合的主要因素。学校以培养人才为主要目的，强调“过程比结果”重要；企业则强调“结果比过程”重要，认为能为企业带来经济利益才是关键。这两种相反的思想主导的规章制度，若用于对同一群学生的培养，必然出现冲突，加剧校企双方的矛盾。在诸多因素的制约下，企业参与职业教育产教融合的积极性和动力不足。

（四）行业在职业教育产教融合中的指导职能弱化

作为行业发展的指导性组织机构，行业协会对于经济社会行业发展有促进作用，能够根据市场经济的变化完善岗位职能。目前全国已成立六万多个行业协会，大致可分为中央、省级、市级与县级四大层次，在少数民族地区也相继开设了自治行业协会，为市场行业的有序、协调发展做出了巨大贡献。然而，在科技创新及商业运营模式变革的双重引导下，国内职业岗位发生了翻天覆地的变化，致使国内行业协会难以根据市场发展走势，给出更为详细的职业标准，协助企业发展。目前，我国政府为了保证经济的有序发展，通过政策文件的发布强化了自身的管理职能，在很大程度上削弱了行业协会的指导职能，无法为产教融合发展保驾护航。尽管在产教融合实施阶段，教育部门出台了一系列政策性文件配合行业协会开展工作，但取得的效果并不尽如人意。另外，在我国相关法律文件中，行业协会在职业教育发展中的指导地位并未得到保障，没有充分体现其社会价值。之所以产生以上问题，除了国家法律规定缺位以外，也侧面反映了国内行业协会自身发展的不足，尤其体现为对行业岗位标准及课程标准建设的指导作用有限，在推动职业教育产教融合上缺乏相应的法定职能。

（五）经费投入难以满足职业教育产教融合的发展需要

职业教育产教融合涉及的内容较为丰富，除基本的人才培养以外，还需协助企业开展技术研发、产品创新等工作。日益丰富的教学内容和人才培养模式虽为职业院校教学质量的提升提供了发展路径，但也意味着需要投入更多的启动资金。职业教育产教融合如果仅仅依靠政府有限的经费投入往往难以为继。由于目前尚未建立与之配套的资金投入保障制度，加上科研创新存在诸多偶然性及不确定性，导致大部分企业不愿意将大量经费注入职业院校产教融合实践中，开展的诸多科研工作也时常因为经费问题陷入困境。现阶段如何确保职业教育产教融合资金的稳定投入，已成为业内人士探讨的核心。如果该问题不能及时解决，势必导致职业教育产教融合的价值大打折扣。

三、服务产业转型升级、积极探索职业教育产教融合的发展路径

（一）加强立法建制，推动职业教育产教融合的法制化

职业教育产教融合离不开法律法规体系的保护，国家立法机关应加快相关立法制度建设步伐，针对产教融合实施阶段中出现的种种问题，及时修订法律条款内容，为其实施营造良好的社会环境。鉴于产教融合涉及的内容较为广泛，对教育、社会保障、财务、税收及人力资源等内容均有涉及，与之相关的法律文件也随之增加。除最早出台的《中华人民共和国职业教育法》以外，《中华人民共和国劳动法》《中华人民共和国就业促进法》《中华人民共和国公司法》等法律文件也应加强对职业教育产教融合内容的设定，进一步明确、统一诸多法律文件中关于产教融合和校企合作的相关内容，以实现不同法律文件的有效衔接，确保在产教融合实施过程中，职业院校、企业、学生等主体的合法权益不受侵犯。例如，宁波市建立了我国首部以地方产教融合发展为核心的法规——《宁波市职业教育校企合作促进条例》，明确规定了高职、政府与企业在产教融合实施阶段的责任，还提出了学生在定岗实习阶段中出现问题之后的处理办法，以及企业商业发生机密泄露之后的处理办法。该项法规的出台，为政府机构产教融合时期校企合作矛盾、冲突的化解提供了参考依据，进一步推动了宁波市高职教育产教融合的发展①。

“十三五”期间，为了在全国职业院校实现产教融合的普及发展，国家立法机关相继出台了诸多鼓励政策和法律法规，还为此建立了相应的执行办法，要求地方政府必须根据法律规定，完善产教融合的地方发展政策，鼓励地方政府牵头建立行政监管部门，专职负责产教融合政策法规细则的建立，完善配套监管执行制度和校企合作评价体系，指导校企双方开展交流活动，确保产教融合政策的顺利实施。另外，为调动企业参与职业教育产教融合的积极性，不少地方政府相继出台了相关的利好政策，如给予参与产教融合的企业资金奖励或部分税收优惠等。对于为职业教育人才培养工作做出较大贡献的企业，地方政府甚至会在公共服务项目招标中对其优先考虑，这也在一定程度上促进了地方产教融合的发展。

（二）强化产教融合的顶层制度设计，发挥政府的推动作用

职业教育事业发展对于地方经济实力的提升以及科学技术创新具有重要的作用。地方党委、政府作为统筹及协调地方经济发展的主要机构，应大力推动职业教育产教融合，深

① 巩志娟，李站稳，许慧英.应用型人才培养视角下产学研合作模式探析[J].中国职业技术教育，2012（18）：91-93.

化校企合作。为此，政府通过统筹产教资源，强化职业教育产教融合的顶层制度设计，进一步将政府的推动作用发挥到极致，实现多个行政部门的协同发展，以此将校方、企业方、科研机构及行业协会组织在一起，共同促进产教融合的发展。

首先，在相关工作落实阶段，政府机构应确立职业教育产教融合所需要的合作经费，建立相应的监督机制，引导和监督校企合作行为等，并在为职业院校赢得更多专项科研经费的同时，配合企业监督职业院校的经费使用，避免因经费问题而导致校企双方产生矛盾。其次，借助现代信息技术，打造职业院校与企业的网络交流平台，鼓励企业将产业园区建立在校园环境内，实现产业、职教园区的融合，以此加强校企双方的交流。再次，政府组织成立校企合作奖项，用于鼓励常年为职业教育发展做出贡献的企业，每年评选出优秀校企合作单位或个人，以此鼓励更多的企业主体参与到产教融合中来。最后，在媒体资源日益丰富的今天，政府应积极组织社会媒体加大对产教融合发展趋势的宣传力度，强调产教融合在企业转型升级和发展中的作用，尽可能发挥自身的组织协调作用，将更多的企业资源吸引到职业教育产教融合中来。

（三）寻求利益共同点，激发企业参与职业教育产教融合的积极性

寻求经济利益最大化是企业的本性，而职业院校教学的目标是培养技术技能型人才，两者存在本质差异。因此，要想实现真正意义上的职业教育产教融合，应充分激活企业的参与积极性。校企双方资源互通、科研与生产一体、人才培养联合，才是搭建职业教育产教融合的基本要素。为保证职业教育产教的有效融合，必须将企业与职业院校两者的优势结合起来。为了达到预期效果，职业院校可根据自身的情况，找准定位，在满足行业需求的同时，修正自身存在的问题，设计出让双方共赢的合作方案，激发企业与职业院校协同育人的积极性。

目前，我国企业转型升级对高素质技能型人才的需求十分强烈，而职业院校通过培养技能型人才来解决企业人才短缺的状况。首先，职业院校可以培养出高素质的产业工人，从而改善企业内部的人力资源状况，提升企业的行业竞争力。其次，职业院校能够利用其科研优势，进行技术创新，产生新的科技成果，促进新的生产力的形成，通过校企产教融合推动学校科研向企业生产转化，提高企业产品、服务的技术水平和创新能力，最终提升企业的社会声誉和影响力。再次，通过产教融合，保障职业院校与市场的亲密联系，促进其加快开发相关课程，完善市场所需要的专业设置，并且让每一位学生参与企业生产，帮助他们在实践中增强和提高创新意识和能力。最后，企业可以为教师提供更多的发展机会，保证教师不断更新专业知识，同时也促使职业院校不断创新人才培养模式，保障职业院校的教育体系跟上时代的步伐。要解决职业教育产教融合过程中企业积极性不足的问题，需要搭建校企共同发展的平台，寻求双方的利益共同点，通过利益的驱动，稳定校企之间的合作，保证双方互利互惠的长久关系。另外，职业院校办学过程中，应以服务经济社会发展和受教育者的全面进步为前提，发挥本身的优势，增强服务企业的意识和能力，在校企

合作中实现共赢。

（四）提升行业指导能力，发挥其在职业教育产教融合中的协调作用

国务院出台的《关于加快发展现代职业教育的决定》明确指出：要不断加强行业协会的指导能力建设，建立健全行业指导政策。《国务院办公厅关于深化产教融合的若干意见》也进一步强调要“强化行业协调指导，通过职能转移、授权委托等方式，积极支持行业组织制定深化产教融合工作计划，开展人才需求预测、校企合作对接、教育教学指导、职业技能鉴定等服务”。尽管国家层面对行业在职业教育产教融合中的地位和作用做出了明确的规定，但在具体如何落实行业的协调指导作用方面，还缺乏详细具体的政策规定。为了更好地发挥行业协会在职业教育产教融合中的指导与协调作用，需要尽快安排建立相关的政策体系，确立行业协会的指导地位，具体可从以下三个方面入手：第一，将职业教育培训指导、行业能力规范、人力资源市场需求、职业资格方案设计都纳入行业的职能范围，本着“互利互惠”的原则，由行业协会担纲，尽快制订相关的职业教育产教融合指导方案。第二，政府部门可以成立相关的职业教育产教融合指导委员会，由行业协会成员、企业代表、学校人员等主体共同构成，负责协调和管理校企合作事宜，推动产教融合工作。第三，为了保证产教融合中的校企双方及时沟通，应在行业协会的主导下建立例会制度，培养企业和职业院校的专业对接能力、生产和教学的对接能力等，将行业的指导范围进行明确划分，并制定统一的相关制度和规定，例如职业资格规范、技能等级规范以及相关指导内容等。

（五）搭建多元化经费投入机制，为产教融合提供充裕的经费支持

职业教育属于高成本教育，它和一般的教育模式不同，比普通的同级教育需要的投资力度更大。国际上一般认为，职业教育的人均成本投入要高于普通教育的 2 倍以上。从近几年我国对于职业教育的投入情况来看，目前的投资金额还不能满足职业教育发展的需求。同样，产教融合也需要大量的资金支持。为了促进产教融合的进一步发展，应建立多元化的经费投入机制，完善投入制度。首先，政府部门应将财政上的职业教育经费投入做出明确的划分和规范，逐渐从财政支出中划出一部分，建立产教融合专项资金；同时，要不断完善财政投入的增长体系，根据产教融合的实际发展情况增加投入比例和数额，保障产教融合进程与职业教育的发展目标相统一。其次，企业对合作的职业院校应予以更多关注，可成立相关补助基金，如助学金、奖学金等，在保证学生学习方面的经济需求的同时，还需稳步提升教师的工作报酬[①]。对于那些政府资金不足的项目，职业院校可以和企业沟通，通过科研成果在企业的生产、转化，获取相应的收益，为产教融合奠定物质基础。最后，政府应建立舒适宽松的民间资金投资环境，拓宽职业教育产教融合资金的来源渠道。要制定促进各类市场主体进行职业教育投资的激励政策，以吸纳更多的社会资金，激发更多的社会办学力量，为产教融合提供更多支持，保证产教融合的良性发展。

① 虞佳，朱志强 . 基于生态学理论的产学研协同创新研究 [J]. 科技通报 ,2013（7）：225-230.

（六）构建政、校、行、企协作平台，打造互利共赢的产教融合生态圈

产教深度融合，主要体现为三个方面的一致，即在产教融合的服务方向上，要与产业转型升级方向相一致；在广度上，要与社会发展需求相一致；在深度上，要与行业企业、职业院校人才培养目标相一致。为达到以上三个一致性目标，需要从宏观层面、中观层面以及微观层面入手。首先，在宏观层面，要以政府为主导，构建由教育管理部门、经济部门、规划部门、职业院校、行业、企业共同参与的产教融合决策机构，对职业教育产教融合的重大决策和战略问题进行沟通协调、统筹推进。其次，在中观层面，要构建职业院校与行业、企业的信息交流平台，成立产教融合相关联的合作共同体，将同一产业链条上的科研组织、行业协会、企业单位、各类院校集中起来，共同实施联合办学、招生培养、技能培训、顶岗实习等多种实质性的产教融合。最后，在微观层面，要积极整合职教资源和行业企业资源，通过学校、行业、企业之间的良性互动，共同推动职业教育人才培养模式变革、课程结构优化、教学过程改革等，实现企业对技术技能型人才的个性化培养，形成循环有序发展的职业教育产教融合生态圈，实现职业教育产教融合。

结束语

产教融合的关键在于校企供需对接、资源共享和双赢发展，形成教育链、人才链、创新链和产业链的贯通融合，共同推动职业教育与行业产业协同发展。

院校构建产教融合生态应坚持以下四个原则：一是坚持面向产业和区域发展需求，优选合作企业。与区域经济社会发展和产业转型升级紧密结合，教育和产业联动发展，注重遴选优质合作企业，优先与能够同学校合作办班、能够提供跟岗实习或顶岗实习岗位、能够提供毕业生就业岗位的企业合作。优先与行业龙头骨干企业、高成长发展型企业、高科技技术型企业合作。二是坚持产教融合校企合作贯穿人才培养全过程。要做到校企合作“八共同”：共同开展招工招生、共同制订培养方案、共同制订课程标准和开发课程资源、共同建设师资队伍、共同建设实训基地、共同组织教育教学、共同评价教学效果、共同促进学生就业创业，关注学生职业成长。三是坚持产教融合校企合作聚焦技术技能积累与应用。要通过校企合作不断提升学校和企业的服务能力，组织企业员工培训，输送技术技能人才，帮助企业解决人才和学校双师型师资短缺问题；发挥各自人才和平台优势，聚焦技术应用，共同攻克技术难题，开发技术项目，积累技术技能，开拓新的增长点，共同推进应用技术研究与成果转化。四是坚持校企优势资源互补、积极推进校企“双赢”。

引导企业以资本、知识、技术、管理等要素参与学校办学，主动与具备条件的企业在人才培养、技术创新、就业创业、社会服务、文化传承等方面开展合作。学校积极为企业提供所需的课程、师资等资源，让合作企业共享学校的场地设备等资源，让合作企业优先选择适用的毕业生，促进校企合作双赢、协同发展。